파이널 패스

핵심이론과 함께하는

100선

박문각 공인중개사

김희상 부동산공법

이 책의 차례

핵심논점 & 100선

핵심논점 1 광역계획권과 광역도시계획

1. 광역계획권 지정권자
   ① 둘 이상의 시·도에 걸쳐 있는 경우: 국장
   ② 같은 도에 속하여 있는 경우: 도지사가 광역계획권을 지정할 수 있다.

2. 광역도시계획 수립권자
   ① 광역계획권이 둘 이상의 시·도에 걸치는 경우: 시·도지사(공동 수립)
   ② 광역계획권이 같은 도에 속하여 있는 경우: 시장 또는 군수(공동 수립)
   ③ 3년이 지날 때까지 시·도지사로부터 승인 신청이 없는 경우: 국장(수립)
   ④ 3년이 지날 때까지 시장 또는 군수로부터 승인 신청이 없는 경우: 도지사(수립)
   ⑤ 시·도지사가 요청: 국장 + 시·도지사(공동 수립)
   ⑥ 시장·군수가 요청: 도지사 + 시장·군수(공동 수립) ⇨ 국장의 승인(×)
   ⑦ 시장·군수가 협의하여 요청: 도지사가 단독 수립 ⇨ 국장의 승인(×)

3. 광역도시계획: 기초조사정보체계(5년마다 반영), 공청회 개최○(생략×), 타당성 검토(×)

4. 시·도지사가 협의가 성립하지 않으면 국장에게 단독이나 공동으로 광역도시계획의 조정 신청 가능(국장이 중앙도시계획위원회의 심의를 거쳐 조정), 재협의 권고(단독○, 공동×)

5. 광역도시계획 수립기준: 국장이 정한다.

01 국토의 계획 및 이용에 관한 법령상 광역도시계획에 관한 설명으로 옳은 것은?

① 광역계획권이 둘 이상의 시·도에 걸쳐 있는 경우에는 시·도지사가 공동으로 광역계획 권을 지정할 수 있다.

② 특별자치시장과 광역시장이 광역도시계획을 공동으로 수립하거나 변경하는 때에는 국토 교통부장관의 승인을 받아야 한다.

③ 시장 또는 군수가 협의를 거쳐 요청으로 도지사가 단독으로 광역도시계획을 수립하는 경우에는 국토교통부장관의 승인을 받아야 한다.

④ 국토교통부장관은 시·도지사로부터 공동으로 조정신청을 받은 경우에는 기한을 정하여 당사자 간에 다시 협의하도록 권고할 수 있다.

⑤ 광역도시계획을 수립하기 위한 기초조사의 내용에는 토지적성평가와 재해취약성분석을 포함하여야 한다.

02 국토의 계획 및 이용에 관한 법령상 광역도시계획에 관한 설명으로 틀린 것은?

① 광역계획권이 도의 관할구역에 속하여 있는 경우에는 시장·군수가 공동으로 광역도시 계획을 수립하여야 한다.

② 광역도시계획을 시장·군수가 공동으로 수립하는 경우 그 내용에 관하여 서로 협의가 이루어지지 아니한 때에는 공동이나 단독으로 도지사에게 조정을 신청할 수 있다.

③ 국토교통부장관, 시·도지사, 시장 또는 군수가 기초조사정보체계를 구축한 경우에는 등 록된 정보의 현황을 5년마다 확인하고 변동사항을 반영하여야 한다.

④ 광역계획권이 둘 이상의 시·도의 관할구역에 걸쳐 있는 경우에는 국토교통부장관이 광 역도시계획을 수립하여야 한다.

⑤ 광역계획권을 지정한 날부터 3년이 지날 때까지 관할 시·도지사로부터 광역도시계획의 승인신청이 없는 경우에는 국토교통부장관이 광역도시계획을 수립하여야 한다.

핵심논점 2 도시 · 군기본계획

1. 공청회는 생략 ×

2. 기초조사의 내용에 토지적성평가 + 재해취약성분석 포함
   ➪ 5년 이내 실시한 경우에는 생략할 수 있다.

3. 특별시장, 광역시장, 특별자치시장, 특별자치도지사 : 국장의 승인×(확정)

4. 재량적 수립 : 수도권에 속하지 아니하고 광역시와 경계를 같이하지 아니하는 인구 10만 이하인 시 또는 군은 도시 · 군기본계획을 수립하지 아니할 수 있다.

5. 연계수립 : 인접한 관할구역의 전부 또는 일부를 포함하여 도시 · 군기본계획을 수립할 수 있다.

6. 타당성 검토 : 5년마다 타당성 검토

7. 광역도시계획의 내용이 도시 · 군기본계획의 내용과 다른 경우에는 광역도시계획의 내용이 우선한다.

03 국토의 계획 및 이용에 관한 법령상 도시 · 군기본계획에 관한 설명으로 옳은 것은?
① 이해관계자를 포함한 주민은 기반시설의 설치 · 정비 또는 개량에 관한 사항에 대하여 도시 · 군기본계획의 입안을 제안할 수 있다.
② 국토교통부장관은 5년마다 관할구역의 도시 · 군기본계획에 대하여 그 타당성 여부를 전반적으로 재검토하여 이를 정비하여야 한다.
③ 특별시장 · 광역시장 · 특별자치시장 · 특별자치도지사가 도시 · 군기본계획을 수립하거나 변경하려면 관계 행정기관의 장과 협의한 후 지방도시계획위원회의 심의를 거쳐야 한다.
④ 도시 · 군기본계획을 변경하는 경우에는 공청회를 개최하지 아니할 수 있다.
⑤ 관할구역 전부에 대하여 광역도시계획이 수립되어 있는 시로서 당해 광역도시계획에 도시 · 군기본계획에 포함될 사항이 일부 포함되어 있는 시는 도시 · 군기본계획을 수립하지 아니할 수 있다.

04 국토의 계획 및 이용에 관한 법령상 도시 · 군기본계획에 관한 설명으로 틀린 것은?
① 도시 · 군기본계획은 도시 · 군관리계획 수립의 지침이 되는 계획이다.
② 광역도시계획이 수립되어 있는 지역에 대하여 수립하는 도시 · 군기본계획의 내용이 광역도시계획의 내용과 다를 때에는 광역도시계획의 내용이 우선한다.
③ 도시 · 군기본계획 입안일부터 5년 이내에 토지적성평가를 실시한 경우에는 토지적성평가를 하지 아니할 수 있다.
④ 시장 · 군수는 인접한 관할구역의 장과 협의를 거쳐 그 인접한 관할구역의 전부 또는 일부를 포함하여 도시 · 군기본계획을 수립할 수 있다.
⑤ 시장 또는 군수는 기초조사의 내용에 도시 · 군기본계획이 환경에 미치는 영향 등에 대한 환경성 검토를 포함하여야 한다.

핵심논점 3 도시 · 군관리계획

1. **도시지역 축소**: 주민 및 지방의회 의견청취 생략할 수 있다.

2. **기초조사**: 기초조사의 내용에 환경성 검토 + 토지적성평가 + 재해취약성분석을 포함하여야 한다.

3. **주민의 입안제안**

   ① 기반시설의 설치 · 정비 · 개량: 국공유지 제외한 면적의 5분의 4 이상의 동의

   ② 지구단위계획구역 + 지구단위계획: 국공유지 제외한 면적의 3분의 2 이상의 동의

   ③ 산업 · 유통개발진흥지구: 국공유지 제외한 면적의 3분의 2 이상의 동의

   ④ 용도지구 중 용도지구에서의 건축제한 등을 지구단위계획으로 대체하기 위한 용도지구
   : 국공유지 제외한 면적의 3분의 2 이상의 동의

   ⑤ 도시 · 군계획시설입체복합구역의 지정 및 변경과 건축제한 · 건폐율 · 용적률 · 높이 등에 관한 사항: 국공유지 제외한 면적의 5분의 4 이상의 동의

   ⇨ 45일 이내에 반영여부 통보(1회 + 30일 연장 가능), 비용: 부담시킬 수 있다.

   ⊕ 비교정리 **공간재구조화계획의 입안제안**

   > 1. 도시혁신구역: 대상 토지면적의 3분의 2 이상
   > 2. 복합용도구역: 대상 토지면적의 3분의 2 이상
   > 3. 입체복합구역(도시혁신구역 또는 복합용도구역과 함께 입체복합구역을 지정하거나 도시혁신계획 또는 복합용도계획과 함께 입체복합구역 지정에 관한 공간재구조화계획을 입안하는 경우로 한정한다): 대상 토지면적의 5분의 4 이상

4. **국장이 결정하는 경우**

   ① 국장이 입안한 도시 · 군관리계획

   ② 개발제한구역의 지정 및 변경

   ③ 국가계획과 연계하여 지정할 필요가 있는 시가화조정구역

5. **동시입안**: 도시 · 군관리계획은 광역도시계획이나 도시 · 군기본계획과 함께 입안할 수 있다.

6. **타당성 검토**: 5년마다 타당성 검토

7. **효력발생**: 지형도면을 고시한 날부터 효력이 발생한다.

8. **시가화조정구역**: 착수 + 신고(3월 이내)

05 국토의 계획 및 이용에 관한 법령상 도시·군관리계획으로 결정하여야 하는 사항만을 모두 고른 것은?

> ㉠ 복합용도구역의 지정 또는 변경
> ㉡ 정비사업에 관한 계획
> ㉢ 기반시설의 설치에 관한 계획
> ㉣ 개발밀도관리구역의 지정

① ㉠, ㉣   ② ㉡, ㉢

③ ㉠, ㉡, ㉢   ④ ㉢, ㉣

⑤ ㉡, ㉢, ㉣

06 국토의 계획 및 이용에 관한 법령상 도시·군관리계획에 관한 설명으로 옳은 것은?

① 주민은 산업·유통개발진흥지구의 지정에 관한 사항에 대하여 입안권자에게 도시·군관리계획의 입안을 제안할 수 없다.

② 시가화조정구역이나 수산자원보호구역 지정에 관한 도시·군관리계획 결정 당시 이미 허가를 받아 사업에 착수한 자는 허가를 다시 받아야 그 사업을 계속할 수 있다.

③ 광장·공원·녹지 등의 공간시설의 정비에 관한 계획은 도시·군관리계획에 속한다.

④ 둘 이상의 시·군에 걸쳐 이루어지는 사업의 계획 중 도시·군관리계획으로 결정하여야 할 사항이 포함된 경우에는 국토교통부장관이 도시·군관리계획을 입안할 수 있다.

⑤ 도시자연공원구역의 지정에 관한 도시·군관리계획은 국토교통부장관이 결정한다.

07 국토의 계획 및 이용에 관한 법령상 도시 · 군관리계획에 관한 설명으로 **틀린** 것은?

① 도시지역의 축소에 따른 지구단위계획구역의 변경을 내용으로 하는 도시 · 군관리계획을 입안하는 경우에는 주민과 지방의회 의견청취를 생략할 수 있다.

② 도시 · 군관리계획의 결정의 효력은 지형도면을 고시한 날부터 발생한다.

③ 도시지역에 빗물저장 및 이용시설을 설치하려면 미리 도시 · 군관리계획으로 결정하여야 한다.

④ 국가계획과 연계하여 지정할 필요가 있는 시가화조정구역의 지정 및 변경에 관한 도시 · 군관리계획은 국토교통부장관이 결정한다.

⑤ 지구단위계획구역에서 도시 · 군관리계획을 입안하는 경우에는 그 계획의 입안을 위한 토지적성평가를 실시하지 아니할 수 있다.

08 국토의 계획 및 이용에 관한 법령상 도시 · 군관리계획의 입안 제안에 관한 설명으로 **틀린** 것은?

① 도시 · 군계획시설입체복합구역의 지정에 대한 입안을 제안하려는 자는 국공유지를 제외한 토지면적의 5분의 4 이상의 동의를 받아야 한다.

② 기반시설의 설치에 관한 사항에 대한 입안을 제안하려는 자는 국공유지를 제외한 토지면적의 5분의 4 이상의 동의를 받아야 한다.

③ 지구단위계획구역의 지정과 지구단위계획의 수립에 관한 사항에 대한 입안을 제안하려는 자는 국공유지를 제외한 토지면적의 3분의 2 이상의 동의를 받아야 한다.

④ 산업 · 유통개발진흥지구의 지정에 관한 사항에 대한 입안을 제안하려는 자는 국공유지를 제외한 토지면적의 4분의 3 이상의 동의를 받아야 한다.

⑤ 도시 · 군관리계획의 입안을 제안받은 자는 제안자와 협의하여 제안된 도시 · 군관리계획의 입안 및 결정에 필요한 비용의 전부 또는 일부를 제안자에게 부담시킬 수 있다.

> 출제예상

국토의 계획 및 이용에 관한 법령상 공간재구조화계획에 관한 설명으로 **틀린** 것은?

① 특별시장은 도시혁신구역 및 도시혁신계획을 수립하기 위하여 공간재구조화계획을 입안하여야 한다.

② 주민은 복합용도구역의 지정을 위하여 공간재구조화계획 입안권자에게 공간재구조화계획의 입안을 제안할 수 있다.

③ 공간재구조화계획은 시 · 도지사 또는 대도시 시장이 직접 또는 시장 · 군수의 신청에 따라 결정한다.

④ 공간재구조화계획결정의 효력은 지형도면을 고시한 날부터 발생한다.

⑤ 고시된 공간재구조화계획의 내용은 도시 · 군관리계획으로 관리하여야 한다.

> 정답 ③

핵심논점 **4** 기초조사 등의 생략가능 사유

1. 환경성 검토, 토지적성평가, 재해취약성분석을 생략할 수 있는 사유
   ① 지구단위계획구역이 도심지(상업지역과 상업지역에 연접한 지역)에 위치하는 경우
   ② 지구단위계획구역 안의 나대지 면적이 구역 면적의 2%에 미달하는 경우
   ③ 해당 지구단위계획구역 또는 도시·군계획시설부지가 다른 법률에 따라 개발계획이 수립된 경우
   ④ 지구단위계획의 내용에 너비 12m 이상 도로의 설치계획이 없는 경우
   ⑤ 도시·군계획시설의 결정을 해제하려는 경우

2. 토지적성평가를 생략할 수 있는 사유
   ① 5년 이내에 토지적성평가를 실시한 경우
   ② 주거지역, 상업지역, 공업지역에 도시·군관리계획을 입안하는 경우
   ③ 개발제한구역에 기반시설을 설치하는 경우
   ④ 지구단위계획구역 또는 도시·군계획시설부지에서 입안하는 경우
   ⑤ 도시개발법에 따른 도시개발사업의 경우

09 국토의 계획 및 이용에 관한 법령상 환경성 검토를 실시하여야 하는 경우에 해당하는 것만을 모두 고른 것은?

㉠ 「도시개발법」에 따른 도시개발사업의 경우
㉡ 해당 도시·군계획시설부지가 다른 법률에 따라 지역·지구 등으로 지정되거나 개발계획이 수립된 경우
㉢ 해당 지구단위계획구역의 지정목적이 해당 구역을 정비 또는 관리하고자 하는 경우로서 지구단위계획의 내용에 너비 12m 이상 도로의 설치계획이 없는 경우
㉣ 해당 도시·군계획시설의 결정을 해제하려는 경우

① ㉠   ② ㉠, ㉡,   ③ ㉠, ㉣
④ ㉢, ㉣   ⑤ ㉠, ㉡, ㉢

핵심논점 5 용도지역(중복지정×)

1. 공유수면 + 같으면 : 이웃하고 있는 용도지역으로 지정된 것으로 본다.

2. 공유수면 + 다른 경우, 걸쳐 있거나 이웃하고 있는 경우 : 도시·군관리계획 결정으로 지정하여야 한다.

3. 항만구역, 어항구역 + 도시지역에 연접한 공유수면 : 도시지역으로 결정·고시 ○

4. 택지개발지구 : 도시지역으로 결정·고시 ○

5. 농공단지, 수력발전소 : 도시지역으로 결정·고시 ×

6. 관리지역 + 농업진흥지역 : 농림지역으로 결정·고시 ○

7. 관리지역 + 보전산지 : 농림지역 또는 자연환경보전지역으로 결정·고시 ○

8. 아파트 건축 가능 지역 : 2종 전용주거지역, 2종 일반주거지역, 3종 일반주거지역, 준주거지역

9. 건폐율 : 주거(556657), 상업(9887), 공업(777), 녹, 관, 농, 자(2), 계획관리(4)

   ■ 건폐율 특례

   > ① 자연취락지구 : 60% 이하
   >
   > ② 도시지역 외의 지역에 지정된 개발진흥지구 : 40% 이하. 다만, 계획관리지역에 산업·유통개발진흥지구가 지정된 경우에는 60% 이하로 한다.
   >
   > ③ 자연녹지지역에 지정된 개발진흥지구 : 30% 이하
   >
   > ④ 수산자원보호구역 : 40% 이하
   >
   > ⑤ 「자연공원법」에 따른 자연공원 : 60% 이하
   >
   > ⑥ 「산업입지 및 개발에 관한 법률」에 따른 농공단지 : 70% 이하
   >
   > ⑦ 공업지역에 있는 「산업입지 및 개발에 관한 법률」에 따른 국가산업단지, 일반산업단지, 도시첨단산업단지 및 준산업단지 : 80% 이하

10. 용적률 : 주거(100, 150, 200, 250, 300, 500) 상업(1500, 1300, 1100, 900), 공업(300, 350, 400), 녹, 관, 농, 자(80), 자연녹지, 생산녹지, 계획관리(100)

11. 용도지역 미지정 : 자연환경보전지역 적용

12. 용도지역 미세분 : 도시지역은 보전녹지지역, 관리지역은 보전관리지역 적용

10 국토의 계획 및 이용에 관한 법령상 용도지역에 관한 설명으로 옳은 것은?

① 도시지역이 세부 용도지역으로 지정되지 아니한 경우 용도지역의 용적률의 규정을 적용할 때에 자연녹지지역에 관한 규정을 적용한다.

② 「택지개발촉진법」에 따른 택지개발지구로 지정·고시되었다가 택지개발사업의 완료로 지구 지정이 해제되면 그 지역은 지구 지정 이전의 용도지역으로 환원된 것으로 본다.

③ 도시지역·관리지역·농림지역·자연환경보전지역으로 지정되지 아니한 경우 용도지역의 건폐율의 규정을 적용할 때에 농림지역에 관한 규정을 적용한다.

④ 관리지역에서 「농지법」에 따른 농업진흥지역으로 지정·고시된 지역은 「국토의 계획 및 이용에 관한 법률」에 따른 자연환경보전지역으로 결정·고시된 것으로 본다.

⑤ 도시지역에 대하여는 「도로법」에 따른 접도구역의 규정을 적용하지 아니한다.

11 국토의 계획 및 이용에 관한 법령상 제1종 일반주거지역 안에서 도시·군계획조례가 정하는 바에 의하여 건축할 수 있는 건축물로 옳은 것은? (단, 건축물은 4층 이하에 한하고, 건축물의 종류는 건축법 시행령 [별표1]에 규정된 건축물의 종류에 따름)

① 문화 및 집회시설 중 공연장

② 제2종 근린생활시설 중 노래연습장

③ 의료시설 중 격리병원

④ 업무시설 중 오피스텔로서 바닥면적의 합계가 4,000㎡인 것

⑤ 운동시설 중 옥외 철탑이 설치된 골프연습장

12 국토의 계획 및 이용에 관한 법령상 조례로 정할 수 있는 건폐율의 최대한도가 낮은 지역부터 높은 지역 순으로 옳게 나열한 것은? (단, 조례 등 기타 강화·완화 조건은 고려하지 않음)

① 제2종 전용주거지역 - 일반상업지역 - 전용공업지역

② 근린상업지역 - 유통상업지역 - 계획관리지역

③ 자연녹지지역 - 일반공업지역 - 제2종 일반주거지역

④ 일반상업지역 - 전용공업지역 - 제3종 일반주거지역

⑤ 생산관리지역 - 준주거지역 - 유통상업지역

13 국토의 계획 및 이용에 관한 법령상 도시·군계획조례로 정할 수 있는 건폐율의 최대한도가 큰 용도지역부터 바르게 연결한 것은?

> ㉠ 「산업입지 및 개발에 관한 법률」에 따른 농공단지
> ㉡ 자연녹지지역에 지정된 개발진흥지구
> ㉢ 「자연공원법」에 따른 자연공원
> ㉣ 공업지역에 있는 「산업입지 및 개발에 관한 법률」에 따른 준산업단지
> ㉤ 수산자원보호구역

① ㉣ - ㉠ - ㉢ - ㉤ - ㉡   ② ㉣ - ㉢ - ㉠ - ㉤ - ㉡
③ ㉠ - ㉢ - ㉣ - ㉤ - ㉡   ④ ㉣ - ㉠ - ㉢ - ㉡ - ㉤
⑤ ㉡ - ㉤ - ㉢ - ㉠ - ㉣

14 국토의 계획 및 이용에 관한 법령상 용적률의 최대한도가 높은 지역부터 낮은 지역까지 순서대로 나열한 것은? (단, 조례 등 기타 강화·완화 조건은 고려하지 않음)

> ㉠ 준공업지역   ㉡ 준주거지역
> ㉢ 근린상업지역   ㉣ 제3종 일반주거지역

① ㉠ - ㉡ - ㉢ - ㉣   ② ㉣ - ㉠ - ㉡ - ㉢
③ ㉢ - ㉠ - ㉡ - ㉣   ④ ㉢ - ㉡ - ㉠ - ㉣
⑤ ㉢ - ㉡ - ㉣ - ㉠

핵심논점 6 용도지구

1. 용도지구의 세분
   ① 경관지구: 자연, 시가지, 특화
   ② 보호지구: 역사문화, 중요시설물, 생태계
   ③ 개발진흥지구: 주거, 산업, 관광, 복합, 특정
   ④ 취락지구: 자연(녹, 관, 농, 자), 집단(개발제한구역)
   ⑤ 방재지구: 시가지, 자연

2. 복합용도지구에서의 건축 제한
   ① 일반주거지역: 안마시술소, 관람장, 동물 및 식물관련 시설, 공장, 장례시설, 위험물 저장 및 처리시설은 건축할 수 없다.
   ② 일반공업지역: 노유자시설, 단란주점, 아파트, 안마시술소는 건축할 수 없다.
   ③ 계획관리지역: 판매시설과 유원시설사업은 건축할 수 있다.

3. 고도지구에서 건축 제한: 도시 · 군관리계획

4. 개발진흥지구에서 건축 제한: 지구단위계획 또는 개발계획

5. 자연취락지구에서 건축할 수 있는 건축물(4층 이하)
   ① 단독주택, 제1종 근린생활시설
   ② 제2종 근린생활시설(휴게음식점, 제과점, 일반음식점, 단란주점, 안마시술소×)
   ③ 운동시설, 창고(농업 · 임업 · 축산업 · 수산업용만 가능)
   ④ 동물 및 식물 관련 시설(도축장, 도계장, 작물재배사 등)
   ⑤ 교정시설, 국방 · 군사시설
   ⑥ 방송통신시설, 발전시설
   ⑦ 관광휴게시설×, 단란주점×, 정신병원×

6. 집단취락지구: 개발제한구역(개특법)

15 국토의 계획 및 이용에 관한 법령상 용도지구와 그 세분(細分)이 바르게 연결된 것만을 모두 고른 것은? (단, 조례는 고려하지 않음)

> ㉠ 경관지구 - 자연경관지구, 시가지경관지구, 수변경관지구
> ㉡ 취락지구 - 자연취락지구, 주거취락지구
> ㉢ 보호지구 - 역사문화환경보호지구, 중요시설물보호지구, 생태계보호지구
> ㉣ 개발진흥지구 - 주거개발진흥지구, 산업·유통개발진흥지구, 관광·휴양개발진흥지구, 복합개발진흥지구, 특정개발진흥지구
> ㉤ 방재지구 - 시가지방재지구, 농어촌방재지구, 자연방재지구

① ㉢, ㉣   ② ㉠, ㉡, ㉢
③ ㉠, ㉢, ㉣   ④ ㉢, ㉣, ㉤
⑤ ㉠, ㉢, ㉣, ㉤

16 국토의 계획 및 이용에 관한 법령상 용도지구에서의 건축제한에 관한 설명으로 틀린 것은?

① 고도지구 안에서 건축물을 신축하는 경우 도시·군관리계획으로 정하는 높이에 초과하는 건축물을 건축할 수 없다.
② 자연취락지구 안에서는 4층 이하의 도계장을 건축할 수 있다.
③ 용도지구 안에서의 도시·군계획시설에 대하여는 용도지구 안의 건축제한에 관한 규정을 적용하지 아니한다.
④ 집단취락지구 안에서의 건축제한에 관하여는 「개발제한구역의 지정 및 관리에 관한 특별조치법」이 정하는 바에 의한다.
⑤ 일반공업지역에 지정된 복합용도지구 안에서는 노유자시설을 건축할 수 있다.

출제예상

국토의 계획 및 이용에 관한 법령상 자연취락지구 안에서 건축할 수 있는 건축물에 해당하지 <u>않는</u> 것은? (단, 4층 이하의 건축물이고, 조례는 고려하지 않음)

① 한방병원   ② 마을공동구판장
③ 교도소   ④ 작물재배사
⑤ 장의사

> 정답 ①

핵심논점 7 용도구역

1. 개발제한구역: 국장 + 보안

2. 도시자연공원구역: 시·도지사, 대도시 시장 + 산지

3. 시가화조정구역: 시·도지사(국가계획과 연계하여 지정할 필요가 있는 경우에는 국장) + 무질서한 시가화 방지 + 유보기간(5년 이상 20년 이내) + 유보기간이 끝나는 날의 다음 날 실효

4. 도시혁신구역: 공간재구조화계획 결정권자가 지정
   ① 지정대상: 도심·부도심 또는 생활권중심지역, 주요 기반시설과 연계하여 지역거점 역할을 수행할 수 있는 지역, 유휴토지 또는 대규모 시설의 이전부지
   ② 협의기간: 10일 이내 의견제시
   ③ 지정제한: 다른 법률에서 도시혁신구역을 결정할 수 없다.
   ④ 적용특례: 부설주차장 설치기준, 건축물에 대한 미술작품의 설치에 관한 규정, 공개공지 등의 확보에 관한 규정, 주택의 배치, 부대·복리시설에 관한 규정, 도시공원 또는 녹지 확보기준, 학교용지의 조성·개발 기준을 따로 정할 수 있다.
   ⑤ 지정의제: 도시혁신구역으로 지정된 지역은 특별건축구역으로 지정된 것으로 본다.

17 국토의 계획 및 이용에 관한 법령상 도시혁신구역에 관한 설명으로 틀린 것은?

① 공간재구조화계획 결정권자는 도시·군기본계획에 따른 도심·부도심 또는 생활권 중심 지역을 도시혁신구역으로 지정할 수 있다.

② 다른 법률에서 도시·군관리계획의 결정을 의제하고 있는 경우에는 「국토의 계획 및 이용에 관한 법률」에 따르지 아니하고 도시혁신구역의 지정을 결정할 수 있다.

③ 도시혁신계획에는 도시혁신구역의 지정 목적을 이루기 위해서 주요 기반시설의 확보에 관한 사항이 포함되어야 한다.

④ 도시혁신구역에 대하여는 「도시공원 및 녹지 등에 관한 법률」에 따른 도시공원 또는 녹지확보기준에 관한 규정을 도시혁신계획으로 따로 정할 수 있다.

⑤ 도시혁신구역으로 지정된 지역은 「건축법」에 따른 특별건축구역으로 지정된 것으로 본다.

출제예상

국토의 계획 및 이용에 관한 법령상 도시혁신구역에서 도시혁신계획으로 따로 정할 수 있는 규정에 해당하는 법률 규정을 모두 고른 것은?

> ⊙ 「주차장법」에 따른 부설주차장의 설치
> ⓒ 「건축법」에 따른 공개공지 등의 확보
> ⓒ 「학교용지의 확보 등에 관한 특별법」에 따른 학교용지의 조성·개발기준
> ② 「건축법」에 따른 대지의 조경

① ⊙, ⓒ   ② ⓒ, ⓒ   ③ ⓒ, ②

④ ⊙, ⓒ, ⓒ   ⑤ ⊙, ⓒ, ⓒ, ②

> 정답 ④

핵심논점 8 도시·군계획시설사업

1. 기반시설의 종류
   ① 공간시설 : 광장, 공원, 녹지, 유원지, 공공공지
   ② 방재시설 : 하천, 유수지, 저수지
   ③ 보건위생시설 : 장사시설, 도축장, 종합의료시설
   ④ 환경기초시설 : 하수도, 폐기물처리 및 재활용시설, 빗물저장 및 이용시설, 수질오염 방지시설, 폐차장

2. 공동구
   ① 설치의무자 : 다음에 해당하는 지역 등이 200만m²를 초과하는 경우에 해당하는 지역의 사업시행자가 공동구를 설치하여야 한다.

㉠ 도시개발구역	㉡ 택지개발지구
㉢ 경제자유구역	㉣ 정비구역
㉤ 도청이전신도시	㉥ 공공주택지구

   ② 안전 및 유지관리계획 : 5년마다 수립·시행하여야 한다.
   ③ 분할납부 : 연 2회 분할하여 납부하게 하여야 한다.
   ④ 납부시기 : 부담금의 납부통지를 받은 공동구 점용예정자는 공동구 설치공사가 착수되기 전에 부담액의 3분의 1 이상을 납부하여야 한다.
   ⑤ 공동구협의회 심의사항 : 가스관, 하수도관

3. 시행자 : 국가계획(국장), 광역도시계획(도지사)

4. 비행정청(지정받은 자) : 공공(한국토지주택공사, 지방공사 등)은 지정요건(동의) ×

5. 실시계획고시 : 사업인정 및 고시(의제)

6. 필요한 토지 : 수용가능
   인접한 토지 : 일시사용(수용 ×) 가능

7. 행정심판 : 비행정청의 경우에는 시행자를 지정한 자

8. 비용부담에 대하여 협의(×) : 행정안전부장관이 결정

---

18 국토의 계획 및 이용에 관한 법령상 기반시설의 종류와 해당 시설의 연결로 옳은 것은?
   ① 공간시설 - 광장, 공원, 녹지, 유수지
   ② 공공·문화체육시설 - 학교, 공공청사, 연구시설, 방송·통신시설
   ③ 보건위생시설 - 장사시설, 도축장, 사회복지시설
   ④ 방재시설 - 하천, 저수지, 방풍설비, 사방설비
   ⑤ 환경기초시설 - 하수도, 빗물저장 및 이용시설, 수질오염방지시설, 주차장

19 국토의 계획 및 이용에 관한 법령상 공동구에 관한 설명으로 <u>틀린</u> 것은?

① 공동구관리자는 공동구 관리에 드는 비용을 연 2회로 분할하여 납부하게 하여야 한다.

② 부담금의 통지를 받은 공동구 점용예정자는 공동구 설치공사가 착수되기 전에 부담액의 2분의 1 이상을 납부하여야 한다.

③ 「택지개발촉진법」에 따른 택지개발지구의 규모가 300만㎡인 경우 해당 구역에서 개발사업을 시행하는 자는 공동구를 설치하여야 한다.

④ 공동구관리자는 5년마다 해당 공동구의 안전 및 유지관리계획을 대통령령으로 정하는 바에 따라 수립·시행하여야 한다.

⑤ 공동구가 설치된 경우 하수도관은 공동구협의회의 심의를 거쳐 공동구를 수용할 수 있다.

20 국토의 계획 및 이용에 관한 법령상 도시·군계획시설에 관한 설명으로 옳은 것은?

① 한국토지주택공사가 도시·군계획시설설사업의 시행자로 지정을 받으려면 사업대상 토지면적의 2분의 1 이상을 동의를 받아야 한다.

② 행정청이 아닌 시행자의 처분에 대하여는 그 시행자를 피청구인으로 하여 행정심판을 제기하여야 한다.

③ 사업구역경계의 변경이 있는 범위 안에서 건축물 연면적 10% 미만을 변경하는 경우에는 변경인가를 받아야 한다.

④ 도지사가 시행한 도시·군계획시설사업으로 그 도에 속하지 않는 군이 현저히 이익을 받는 경우, 해당 도지사와 군수 간의 비용부담에 관한 협의가 성립되지 아니하는 때에는 기획재정부장관이 결정하는 바에 따른다.

⑤ 지방의회로부터 장기미집행시설의 해제를 권고받은 시장·군수는 특별한 사유가 없으면 1년 이내에 해제를 위한 도시·군관리계획결정을 하여야 한다.

21 국토의 계획 및 이용에 관한 법령상 도시·군계획시설사업에 관한 설명으로 <u>틀린</u> 것은?

① 「국토의 계획 및 이용에 관한 법률」 또는 다른 법률에 특별한 규정이 있는 경우 외에는 특별시장·광역시장·특별자치시장·특별자치도지사·시장 또는 군수가 사업을 시행한다.

② 실시계획의 고시가 있은 때에는 「공익사업을 위한 토지 등의 취득 및 보상에 관한 법률」에 따른 사업인정 및 그 고시가 있었던 것으로 본다.

③ 행정청이 아닌 도시·군계획시설사업의 시행자가 도시·군계획시설사업에 의하여 새로 공공시설을 설치한 경우 새로 설치된 공공시설은 그 시설을 관리할 관리청에 무상으로 귀속된다.

④ 둘 이상의 시·도에 걸쳐 시행되는 사업의 시행자를 정함에 있어 관계 시·도지사 간의 협의가 성립되지 않는 경우에는 국토교통부장관이 도시·군계획시설사업을 시행한다.

⑤ 도시·군계획시설사업의 시행자는 사업시행을 위하여 특히 필요하다고 인정되면 도시·군계획시설에 인접한 토지·건축물을 일시 사용할 수 있다.

핵심논점 9 도시·군계획시설부지에서의 매수청구

1. 매수청구의 요건 : 10년 이내 미집행 + 지목이 대(垈)인 토지(건축물 및 정착물을 포함) ⇨ 실시계획인가가 진행된 경우에는 매수청구 ×

2. 매수의무자

> ① 특별시장·광역시장·특별자치시장·특별자치도지사·시장·군수
> ② 도시·군계획시설사업의 시행자가 정해진 경우 그 시행자
> ③ 도시·군계획시설을 설치하거나 관리하여야 할 의무가 있는 자가 있는 경우에는 그 의무가 있는 자(서로 다른 경우 설치의무자에게 매수청구)

3. 매수의무자의 매수 여부결정 및 결정통지

> ① 매수 여부결정 : 매수청구가 있는 날부터 6개월 이내에 매수 여부를 결정하여 토지소유자와 특별시장·광역시장·특별자치시장·특별자치도지사·시장 또는 군수(매수의무자가 특별시장·광역시장·특별자치시장·특별자치도지사·시장 또는 군수인 경우는 제외)에게 알려야 한다.
> ② 매수기간 : 매수결정을 통지한 날부터 2년 이내에 매수하여야 한다.

4. 매수대금 지급방법
   ① 원칙 : 현금
   ② 예외 : 도시·군계획시설채권(매수의무자가 지방자치단체인 경우에 한함)
   ■ 발행요건

> ㉠ 토지소유자가 원하는 경우
> ㉡ 부재부동산 소유자의 토지 또는 비업무용 토지로서 매수대금이 3,000만원을 초과하는 경우 초과하는 금액에 대하여 지급

   ③ 도시·군계획시설채권의 발행절차 : 「지방재정법」 준용
   ④ 상환기간 : 10년 이내

5. 매수가격, 매수절차 : 공·취·법 준용

6. 매수거부한 경우 허가를 받아 가능한 개발행위

> ① 3층 이하의 단독주택
> ② 3층 이하의 제1종 근린생활시설
> ③ 3층 이하의 제2종 근린생활시설(단란주점, 안마시술소, 노래연습장, 다중생활시설은 제외)
> ④ 공작물

22 국토의 계획 및 이용에 관한 법령상 도시·군계획시설부지에서의 매수청구에 관한 설명으로 옳은 것은?

① 도시·군계획시설채권의 상환기간은 5년 이상 20년 이내로 한다.

② 매수의무자는 매수청구가 있은 날로부터 2년 이내에 매수 여부를 결정하여 토지소유자에게 알려야 한다.

③ 도시·군계획시설결정의 고시일부터 10년 이내에 사업이 시행되지 않은 경우에는 실시계획인가가 진행된 경우에도 매수청구를 할 수 있다.

④ 매수청구를 한 토지의 소유자는 매수의무자가 매수하지 아니하기로 결정한 경우에는 개발행위허가를 받아 층수가 3층인 노래연습장을 건축할 수 있다.

⑤ 비업무용 토지로서 매수대금이 3천만원을 초과하는 경우 매수의무자인 지방자치단체는 그 초과하는 금액에 대해서 도시·군계획시설채권을 발행하여 지급할 수 있다.

23 국토의 계획 및 이용에 관한 법령상 장기미집행 도시·군계획시설부지에서 매수청구를 한 토지소유자는 매수의무자가 매수하지 아니하기로 결정한 경우 개발행위허가를 받아 건축할 수 있는 건축물에 해당하지 <u>않는</u> 것은?

① 층수가 2층인 동물병원　　　② 층수가 3층인 한의원
③ 층수가 2층인 독서실　　　　④ 층수가 3층인 어린이집
⑤ 층수가 3층인 단독주택

24 국토의 계획 및 이용에 관한 법령상 도시·군계획시설결정의 실효 등에 관한 설명으로 옳은 것은?

① 도시·군계획시설결정의 고시일부터 20년이 지날 때까지 그 시설의 설치에 관한 사업이 시행되지 아니한 경우 그 결정은 20년이 되는 날에 효력을 잃는다.

② 시장 또는 군수는 도시·군계획시설결정이 효력을 잃으면 지체 없이 그 사실을 고시하여야 한다.

③ 장기미집행 도시·군계획시설결정의 해제를 권고받은 시장·군수는 그 시설의 해제를 위한 도시·군계획시설결정을 국토교통부장관에게 신청하여야 한다.

④ 도시·군계획시설결정의 해제를 신청받은 도지사는 해제 신청을 받은 날부터 6개월 이내에 해당 도시·군계획시설의 해제를 위한 결정을 하여야 한다.

⑤ 토지소유자로부터 도시·군계획시설결정의 해제를 위한 결정을 신청받은 결정권자는 2개월 이내에 결정 여부를 정하여 토지소유자에게 알려야 하며, 특별한 사유가 없으면 그 도시·군계획시설결정을 해제하여야 한다.

핵심논점 10 지구단위계획구역 및 지구단위계획

1. 용도지구, 도시개발구역, 정비구역, 택지개발지구, 대지조성사업지구, 산업단지, 관광특구의 전부 또는 일부 : 지구단위계획구역으로 지정할 수 있다.

2. 개발제한구역, 도시자연공원구역, 시가화조정구역, 공원에서 해제되는 구역 : 지구단위계획구역 으로 지정할 수 있다.

3. 정비구역 및 택지개발지구에서 사업이 끝난 후 10년이 지난 지역 : 지구단위계획구역으로 지정 하여야 한다.

4. 녹지지역에서 주거, 상업, 공업지역으로 변경 + 30만m² 이상 : 지구단위계획구역으로 지정하 여야 한다.

5. 주거개발진흥지구, 특정개발진흥지구 : 계획관리지역

6. 산업·유통개발진흥지구 : 계획관리, 생산관리, 농림지역

7. 관광·휴양개발진흥지구 : 관리, 농림, 자연환경보전지역

8. 도시지역 외의 지역 : 용도지구를 폐지하고 용도지구에서 행위제한 등을 지구단위계획으로 대체하려는 지역은 지구단위계획구역으로 지정할 수 있다.

9. 지구단위계획의 수립기준 : 국장이 정한다.

10. 건축물의 용도제한, 건폐율, 용적률, 건축물 높이의 최고한도 또는 최저한도 + 기반시설의 배치와 규모 : 지구단위계획에 포함되어야 한다.

11. 도시지역 내의 지구단위계획구역
    건축제한(건축물의 용도·종류·규모), 건폐율 150%, 용적률 200%, 건축물의 높이제한 120% 이내, 주차장 설치기준 100%, 채광 등의 확보를 위한 높이제한 200% 이내에서 완 화하여 적용할 수 있다.

12. 도시지역 외의 지구단위계획구역
    건축제한(건축물의 용도·종류·규모), 건폐율 150%, 용적률 200% 이내에서 완화하여 적용할 수 있다.

25 국토의 계획 및 이용에 관한 법령상 지구단위계획구역에 관한 설명으로 **틀린** 것은?

① 시장 또는 군수가 입안한 지구단위계획구역의 지정·변경에 관한 도시·군관리계획은 시장 또는 군수가 직접 결정한다.

② 도시지역 외의 지역에 지정된 지구단위계획구역의 지정이 한옥마을의 보전을 목적으로 하는 경우 지구단위계획으로「주차장법」에 따른 주차장 설치기준을 100%까지 완화하여 적용할 수 있다.

③ 지구단위계획에는 건축물의 용도제한, 건축물의 건폐율 또는 용적률, 건축물 높이의 최고한도 또는 최저한도에 관한 사항이 포함되어야 한다.

④ 녹지지역에서 상업지역으로 변경되는 면적이 40만㎡인 경우에는 해당 지역은 지구단위계획구역으로 지정하여야 한다.

⑤ 시장 또는 군수는 개발제한구역에서 해제되는 구역 중 계획적인 개발 또는 관리가 필요한 지역은 지구단위계획구역으로 지정할 수 있다.

26 국토의 계획 및 이용에 관한 법령상 지구단위계획 및 지구단위계획구역에 관한 설명으로 **틀린** 것은?

① 도시지역 외의 지역으로서 용도지구를 폐지하고 그 용도지구에서의 행위제한을 지구단위계획으로 대체하려는 지역은 지구단위계획구역으로 지정될 수 있다.

② 지구단위계획구역으로 지정된 지역으로서 도시·군관리계획상 특히 필요하다고 인정하는 지역에 대해서는 최대 5년까지 개발행위허가를 제한할 수 있다.

③「산업입지 및 개발에 관한 법률」에 따른 준산업단지의 전부 또는 일부에 대하여 지구단위계획구역으로 지정할 수 있다.

④ 지구단위계획에는 건축물의 배치·형태·색채 또는 건축선에 관한 사항이 포함될 수 있다.

⑤ 계획관리지역 외의 지역에 지정된 개발진흥지구 내의 지구단위계획구역에서는 건축물의 용도·종류 및 규모 등을 완화하여 적용할 경우 아파트 및 연립주택은 허용된다.

핵심논점 11 개발행위허가 등

1. 도시·군계획사업, 경작을 위한 형질변경, 응급조치(1개월 이내 신고) : 허가대상×

2. 사업기간을 단축 + 부지면적 5% 범위 안에서 축소 : 허가×

3. 사업기간 연장 + 부지면적 확장 : 변경허가를 받아야 한다.

4. 준공검사 대상이 아닌 것 : 토지분할, 물건 쌓기

5. 허가권자는 조건부(기, 위, 환, 경, 조)허가를 할 수 있다.

6. 허가대상 토지가 둘 이상 걸치는 경우 : 각각 적용한다.

7. 개발행위허가의 규모 : 공업지역, 관리지역, 농림지역 3만m² 미만

8. 개발행위허가 기준을 강화 또는 완화(유보용도) : 계획관리, 생산관리, 자연녹지지역

9. 개발행위허가 제한 : 도시·군기본계획이나 도시·군관리계획을 수립하고 있는 지역, 지구단위계획구역, 기반시설부담구역은 최장 5년간 허가를 제한할 수 있다.

10. 새로 설치한 공공시설 : 관리청에 무상 귀속된다.

11. 종래의 공공시설 : 행정청인 경우 전부 무상 귀속되고, 비행정청인 경우 새로 설치한 비용에 상당하는 범위에서 무상으로 양도할 수 있다.

27 국토의 계획 및 이용에 관한 법령상 개발행위허가에 관한 설명으로 옳은 것은?

① 토지 분할에 대하여 개발행위허가를 받은 자가 개발행위를 마치면 관할 행정청의 준공검사를 받아야 한다.

② 부지면적 또는 건축물 연면적을 5% 범위 안에서 축소하거나 확장하는 경우에는 변경에 대한 허가를 받아야 한다.

③ 도시·군관리계획을 수립하고 있는 지역으로서 그 도시·군관리계획이 결정될 경우 용도지역의 변경이 예상되고 그에 따라 개발행위허가의 기준이 크게 달라질 것으로 예상되는 지역은 최장 3년간 개발행위허가를 제한할 수 있다.

④ 생산관리지역에서는 도시계획위원회의 심의를 통하여 개발행위허가의 기준을 강화 또는 완화하여 적용할 수 있다.

⑤ 개발행위허가의 대상인 토지가 2 이상의 용도지역에 걸치는 경우, 개발행위허가의 규모를 적용할 때는 가장 큰 규모의 용도지역에 대한 규정을 적용한다.

28 국토의 계획 및 이용에 관한 법령상 개발행위허가에 관한 설명으로 틀린 것은?

① 허가권자가 개발행위허가를 하는 경우 환경오염 방지에 관한 조치를 할 것을 조건으로 허가할 수 있다.

② 허가권자가 위해방지에 관한 조치를 할 것을 조건으로 개발행위허가를 하려는 경우 미리 개발행위허가를 신청한 자의 의견을 들어야 한다.

③ 개발행위허가를 받은 자가 행정청인 경우, 그가 기존의 공공시설에 대체되는 공공시설을 설치하면 기존의 공공시설은 대체되는 공공시설의 설치비용에 상당하는 범위 안에서 개발행위허가를 받은 자에게 무상으로 양도될 수 있다.

④ 「도시개발법」에 따른 도시개발사업으로 공유수면을 매립하는 경우에는 개발행위허가를 받지 않아도 된다.

⑤ 기반시설부담구역으로 지정된 지역에 대하여 개발행위허가를 제한하였다가 이를 연장하기 위해서는 도시계획위원회의 심의를 거치지 않아도 된다.

핵심논점 12 성장관리계획구역(계획)

1. 지정권자 : 특별시장 · 광역시장 · 특별자치시장 · 특별자치도지사 · 시장 또는 군수(승인×)

2. 지정대상 : 녹지지역, 관리지역, 농림지역, 자연환경보전지역

3. 수립절차 : 주민의견청취[공람(14일 이상)] + 지방의회의견청취(60일 이내 의견제시) + 협의 + 심의

4. 건폐율 완화 : 계획관리지역(50%), 생산관리지역 · 농림지역 및 자연녹지지역 · 생산녹지지역(30% 이하)

5. 용적률 완화 : 계획관리지역(125% 이하)

6. 타당성 검토 : 성장관리계획(5년)

29 국토의 계획 및 이용에 관한 법령상 성장관리계획구역에 관한 설명으로 옳은 것을 모두 고른 것은?

> ㉠ 국토교통부장관은 관리지역 중 주변지역과 연계하여 체계적인 관리가 필요한 지역의 전부 또는 일부에 대하여 성장관리계획구역을 지정할 수 있다.
> ㉡ 성장관리계획구역으로 지정된 보전녹지지역에서는 성장관리계획으로 30% 이하의 범위에서 조례로 정하는 비율까지 건폐율을 완화하여 적용할 수 있다.
> ㉢ 성장관리계획구역으로 지정된 계획관리지역에서는 성장관리계획으로 125% 이하의 범위에서 조례로 정하는 비율까지 용적률을 완화하여 적용할 수 있다.
> ㉣ 시장 또는 군수는 5년마다 관할구역 내 수립된 성장관리계획에 대하여 그 타당성 여부를 전반적으로 재검토하여 정비하여야 한다.

① ㉡
② ㉡, ㉢
③ ㉢, ㉣
④ ㉠, ㉢, ㉣
⑤ ㉡, ㉢, ㉣

30 국토의 계획 및 이용에 관한 법령상 성장관리계획구역에서 성장관리계획으로 완화하여 적용할 수 있는 건폐율 규정으로 옳게 연결된 것은?

> ㉠ 농림지역 : 30% 이하
> ㉡ 자연녹지지역 : 40% 이하
> ㉢ 계획관리지역 : 50% 이하
> ㉣ 생산관리지역 : 40% 이하

① ㉠, ㉡
② ㉠, ㉢
③ ㉢, ㉣
④ ㉠, ㉡, ㉢
⑤ ㉠, ㉢, ㉣

핵심논점 12-1 개발밀도관리구역 및 기반시설부담구역

1. 지정권자 : 특별시장·광역시장·특별자치시장·특별자치도지사·시장 또는 군수(승인×)

2. 개발밀도관리구역과 기반시설부담구역은 중복지정×

3. 개발밀도관리구역 : 기반시설 설치가 곤란 + 건폐율 또는 용적률(50%)을 강화하여 적용한다.

4. 기반시설부담구역 : 완화 + 20% 이상 증가 + 주민의 의견청취 + 10만m² 이상 + 1년(다음날 해제), 대학제외

5. 기반시설설치계획 : 기반시설부담구역이 지정되면 대통령령으로 정하는 바에 따라 기반시설설치계획을 수립하여야 하며, 이를 도시·군관리계획에 반영하여야 한다.

6. 기반시설유발계수 : 위락시설(2.1), 관광휴게시설(1.9), 제2종 근린생활시설(1.6), 종교시설·운수시설·문화 및 집회시설·자원순환시설(1.4), 제1종 근린생활시설·판매시설(1.3), 숙박시설(1.0), 의료시설(0.9), 방송통신시설(0.8)

7. 기반시설설치비용 부과대상 : 단독주택, 숙박시설 + 200m² 초과 + 신축, 증축 ⇨ 토지로 납부(물납) 가능

8. 기반시설설치비용
   ① 부과시기 : 2개월 이내
   ② 납부시기 : 사용승인 신청 시까지

31 국토의 계획 및 이용에 관한 법령상 개발밀도관리구역에 관한 설명으로 옳은 것은?

① 개발밀도관리구역에서는 해당 용도지역에 적용되는 건폐율의 최대한도의 50% 범위에서 건폐율을 강화하여 적용한다.

② 광역시장은 향후 2년 이내에 해당 지역의 학생 수가 학교수용능력을 20% 이상 미달할 것으로 예상되는 지역을 개발밀도관리구역으로 지정할 수 있다.

③ 개발밀도관리구역의 명칭 변경에 대하여는 지방도시계획위원회의 심의를 거치지 않아도 된다.

④ 시장 또는 군수는 주거지역에서의 개발행위로 인하여 기반시설이 부족할 것으로 예상되는 지역 중 기반시설의 설치가 곤란한 지역을 대상으로 개발밀도관리구역으로 지정할 수 있다.

⑤ 시장 또는 군수는 향후 2년 이내에 해당 지역의 하수발생량이 하수시설의 시설용량을 초과할 것으로 예상되는 지역 중 기반시설 설치가 곤란한 지역을 개발밀도관리구역으로 지정할 수 없다.

32 국토의 계획 및 이용에 관한 법령상 광역시의 기반시설부담구역에 관한 설명으로 **틀린** 것은?

① 기반시설설치비용은 건축허가를 받은 날부터 2개월 이내에 납부하여야 한다.

② 기반시설부담구역이 지정되면 광역시장은 대통령령으로 정하는 바에 따라 기반시설설치계획을 수립하여야 하며, 이를 도시·군관리계획에 반영하여야 한다.

③ 광역시장이 기반시설부담구역을 지정하려면 주민의 의견을 들어야 하며, 지방도시계획위원회의 심의를 거쳐 이를 고시하여야 한다.

④ 지구단위계획을 수립한 경우에는 기반시설설치계획을 수립한 것으로 본다.

⑤ 기반시설부담구역의 지정·고시일부터 1년이 되는 날까지 기반시설설치계획을 수립하지 아니하면 1년이 되는 날의 다음 날에 기반시설부담구역의 지정은 해제된 것으로 본다.

33 국토의 계획 및 이용에 관한 법령상 기반시설부담구역에서 기반시설설치비용의 산정에서 사용되는 기반시설유발계수가 높은 것부터 나열한 것은?

> ㉠ 어린이회관   ㉡ 사진관
> ㉢ 휴양콘도미니엄   ㉣ 철도시설

① ㉠ - ㉡ - ㉢ - ㉣   ② ㉠ - ㉡ - ㉣ - ㉢
③ ㉡ - ㉠ - ㉢ - ㉣   ④ ㉢ - ㉡ - ㉣ - ㉠
⑤ ㉣ - ㉡ - ㉠ - ㉢

34 국토의 계획 및 이용에 관한 법령상 개발밀도관리구역과 기반시설부담구역에 관한 설명으로 **옳은** 것은?

① 동일한 지역에 대해 기반시설부담구역과 개발밀도관리구역을 중복하여 지정할 수 있다.

② 기반시설설치비용의 부과대상은 단독주택 및 숙박시설 등 대통령령으로 정하는 시설로서 200㎡(기존 건축물의 연면적을 포함)를 초과하는 건축물의 신축·개축 행위로 한다.

③ 개발밀도관리구역을 지정하려면 주민의 의견을 들어야 하며, 지방도시계획위원회의 심의를 거쳐 이를 고시하여야 한다.

④ 공원과 녹지는 기반시설부담구역에서 설치가 필요한 기반시설에 해당하지 않는다.

⑤ 납부의무자가 재해나 도난으로 재산에 심한 손실을 입은 경우에 해당하여 기반시설설치비용을 납부하기가 곤란하다고 인정되면 해당 개발사업 목적에 따른 이용 상황 등을 고려하여 1년의 범위에서 납부기일을 연기할 수 있다.

핵심논점 13 개발계획

1. 도시개발구역 지정 후 개발계획 수립할 수 있는 경우 : 개발계획공모, 자연녹지지역, 생산녹지지역, 도시지역 외의 지역, 국장이 지역균형발전을 위하여 지정하려는 지역(자연환경보전지역은 제외), 주거지역 · 상업지역 · 공업지역 + 전체면적의 100분의 30 이하인 지역

2. 개발계획 + 환지방식 : 면적 2/3 이상 + 총수 1/2 이상 동의(시행자가 국가 또는 지방자치단체 ⇨ 동의 ×)

3. 도시개발구역 지정 후 개발계획에 포함 : 도시개발구역 밖에 기반시설 설치, 세부목록, 임대주택 건설, 순환개발

4. 국 · 공유지 : 포함
   ① 철회 : 제외
   ② 구분소유자 : 각각
   ③ 변경 : 기존 토지소유자(변경 전) 동의를 기준으로 한다.

5. 개발계획 : 광역도시계획이나 도시 · 군기본계획에 부합

핵심논점 14 도시개발구역

1. 중앙행정기관의 장이 요청: 국장이 도시개발구역을 지정

2. 공공기관의 장(한국 ～ 공사), 정부출연기관의 장 + 30만m² 이상 + 국가계획 + 제안: 국장이 도시개발구역을 지정

3. 도시개발구역을 분할: 1만m² 이상

4. 도시개발구역 지정 규모
   ① 공업지역: 3만m² 이상
   ② 주거지역, 상업지역, 자연녹지, 생산녹지: 1만m² 이상

5. 도시개발구역 지정·고시의 효과: 취락지구는 의제 ×

6. 허가대상: 건축물(가설건축물을 포함)의 건축, 대수선 또는 용도변경, 공작물의 설치, 토지의 형질변경, 토석채취, 토지분할, 물건을 쌓아놓는 행위(1개월 이상), 죽목의 벌채 및 식재

7. 허용사항: 비닐하우스 설치, 경작 + 형질변경, 관상용 죽목의 임시식재(경작지에서의 임시식재는 허가를 요한다).

8. 도시개발구역 지정해제: 다음 날
   ① 도시개발구역이 지정·고시된 날부터 3년이 되는 날까지 실시계획의 인가를 신청하지 아니하는 경우에는 그 3년이 되는 날
   ② 도시개발사업의 공사완료(환지방에 따른 사업인 경우에는 그 환지처분)의 공고일

9. 공사완료로 해제된 경우: 종전의 용도지역으로 환원 ×

10. 기득권 보호: 착수 + 신고(30일 이내)

---

35 도시개발법령상 도시개발구역 지정과 개발계획에 관한 설명으로 틀린 것은?

① 자연녹지지역에 도시개발구역을 지정할 수 있는 규모는 1만m² 이상이어야 한다.

② 지정권자는 도시개발사업을 환지방식으로 시행하려고 개발계획을 수립할 때 시행자가 한국토지주택공사인 경우에는 토지소유자의 동의를 받을 필요가 없다.

③ 순환개발 등 단계적 사업추진이 필요한 경우 사업추진계획 등에 관한 사항은 도시개발구역을 지정한 후에 개발계획의 내용에 포함시킬 수 있다.

④ 생산관리지역에 도시개발구역을 지정할 때에는 도시개발구역을 지정한 후에 개발계획을 수립할 수 있다.

⑤ 국가철도공단의 장이 30만m² 이상으로서 국가계획과 밀접한 관련이 있는 도시개발구역의 지정을 제안하는 경우 국토교통부장관이 도시개발구역을 지정할 수 있다.

36 도시개발법령상 환지방식의 도시개발사업에 대한 개발계획의 수립·변경을 위한 동의자 수 산정방법으로 옳은 것은?

① 도시개발구역의 토지면적을 산정하는 경우 국공유지는 제외한다.

② 「집합건물의 소유 및 관리에 관한 법률」에 따른 구분소유자는 대표 구분소유자 1인만 토지소유자로 본다.

③ 도시개발구역의 지정이 제안된 후부터 개발계획이 수립되기 전까지의 사이에 토지소유 자가 변경된 경우 변경된 토지소유자의 동의서를 기준으로 한다.

④ 도시개발구역의 지정이 제안되기 전에 동의를 철회하는 사람이 있는 경우 그 사람은 동 의자 수에 포함한다.

⑤ 개발계획의 변경을 요청받은 후부터 개발계획이 변경되기 전까지의 사이에 토지소유자 가 변경된 경우 기존 토지소유자의 동의서를 기준으로 한다.

37 도시개발법령상 도시개발구역의 지정에 관한 설명으로 틀린 것은?

① 공업지역에 도시개발구역을 지정할 수 있는 규모는 3만㎡ 이상이어야 한다.

② 자연녹지지역에 도시개발구역을 지정할 때에는 도시개발구역을 지정한 후에 개발계획을 수립할 수 있다.

③ 도시개발구역을 둘 이상의 사업시행지구로 분할하는 경우 분할 후 사업시행지구의 면적 은 각각 1만㎡ 이상이어야 한다.

④ 사업시행자로 지정될 수 있는 지방공사는 특별자치도지사·시장·군수·구청장에게 도 시개발구역의 지정을 제안할 수 없다.

⑤ 도시개발사업의 공사완료로 도시개발구역의 지정이 해제의제된 경우에는 도시개발구역의 용도지역은 해당 도시개발구역 지정 전의 용도지역으로 환원된 것으로 보지 아니한다.

38 도시개발법령상 국토교통부장관이 도시개발구역을 지정할 수 있는 경우가 아닌 것은?

① 국가가 도시개발사업을 실시할 필요가 있는 경우

② 문화체육관광부장관이 10만㎡ 규모로 도시개발구역의 지정을 요청하는 경우

③ 지방공사의 장이 40만㎡ 규모로 국가계획과 밀접한 관련이 있는 도시개발구역의 지정을 제안하는 경우

④ 둘 이상의 시·도 또는 대도시의 행정구역에 걸치는 경우로서 시·도지사 또는 대도시 시장의 협의가 성립되지 않은 경우

⑤ 천재지변으로 인하여 도시개발사업을 긴급하게 할 필요가 있는 경우

핵심논점 15 대의원회

1. 의결권을 가진 조합원의 수가 50인 이상인 조합은 대의원회를 둘 수 있다. ⇨ 조합원 총수의 100분의 10 이상으로 한다.

2. 정관의 변경은 대행 ×

3. 개발계획의 수립 및 변경(경미한 변경은 제외)은 대행 ×

4. 환지계획의 작성(경미한 변경은 제외)은 대행 ×

5. 조합 임원의 선임은 대행 ×

6. 조합의 합병 및 해산(청산금 징수·교부를 완료한 후 해산하는 경우는 제외)은 대행 ×

핵심논점 15-1 도시개발조합

1. 전부환지방식: 토지소유자 또는 조합을 시행자로 지정한다.

2. 전부환지방식의 시행자: 1년 이내에 실시계획의 인가를 신청하지 않으면 시행자를 변경할 수 있다.

3. 실시계획인가를 받은 후 2년 이내 착수(×): 시행자를 변경할 수 있다.

4. 도시개발조합: 토지소유자 7명 이상 + 지정권자(인가)

5. 변경신고
   ① 주된 사무소의 소재지를 변경
   ② 공고방법을 변경하려는 경우에는 신고하여야 한다.

6. 조합설립인가(동의): 면적(국공유지 포함) 2/3 이상 + 총수 1/2 이상

7. 조합원: 토지소유자만(동의 여부 불문)(결격사유 없음)

8. 조합원의 권리: 면적과 관계없는 평등한 의결권

9. 조합임원의 선임: 의결권을 가진 조합원

10. 겸직금지: 조합의 임원은 다른 조합의 임원이나 직원을 겸할 수 없다.

11. 임원의 결격사유(조합원 ×): 파산선고를 받고 복권되지 아니한 자(다음 날 임원의 자격상실)

12. 계약이나 소송: 감사가 조합을 대표한다.

13. 성립시기: 30일 이내 등기를 하면 성립한다.

39 도시개발법령상 도시개발조합에 관한 설명으로 옳은 것은?

① 조합원이 정관에 따라 부과된 부과금을 체납하는 경우 조합은 지방세 체납처분의 예에 따라 이를 징수할 수 있다.

② 조합설립의 인가를 신청하려면 국공유지를 제외한 토지면적의 3분의 2 이상의 동의와 토지소유자 총수의 2분의 1 이상의 동의를 받아야 한다.

③ 이사의 자기를 위한 조합과의 계약이나 소송에 관하여는 조합장이 조합을 대표한다.

④ 조합원으로 된 자가 금고 이상의 형의 선고를 받은 경우에는 그 사유가 발생한 다음 날부터 조합원의 자격을 상실한다.

⑤ 의결권이 없는 조합원은 조합의 이사가 될 수 없다.

40 도시개발법령상 도시개발조합에 관한 설명으로 틀린 것은?

① 조합의 감사로 선임된 자가 금고 이상의 형의 선고를 받은 경우에는 그 사유가 발생한 다음 날부터 감사의 자격을 상실한다.

② 총회의 의결사항 중 자금의 차입과 그 방법·이율 및 상환방법에 관한 사항은 대의원회가 총회의 권한을 대행할 수 없다.

③ 조합의 정관에는 주된 사무소의 소재지가 포함되어야 한다.

④ 조합이 인가받은 사항 중 공고방법을 변경하려는 경우에는 신고하여야 한다.

⑤ 의결권을 가진 조합원의 수가 70인인 조합은 대의원회를 둘 수 있다.

핵심논점 16 실시계획

1. 실시계획은 개발계획에 맞게 작성되어야 하고, 지구단위계획이 포함되어야 한다.

2. 실시계획을 고시: 도시·군관리계획으로 결정·고시된 것으로 본다.

3. 종전에 도시·군관리계획으로 결정된 사항 중 고시된 내용에 저촉되는 사항: 고시된 내용으로 변경된 것으로 본다.

4. 국장의 인가: 시·도지사 또는 대도시 시장의 의견청취

5. 시·도지사의 인가: 시장·군수·구청장의 의견청취

6. 경미한 변경(인가 ×): 면적 100분의 10의 범위에서 감소, 사업비 100분의 10의 범위에서 증감

7. 협의에 의한 인·허가 등의 의제: 옳은 내용이다. 협의 기간은 20일 이내

41 도시개발법령상 실시계획에 관한 설명으로 <u>틀린</u> 것은?

① 시행자가 작성하는 실시계획은 개발계획에 맞게 작성되어야 하고, 지구단위계획이 포함되어야 한다.

② 지정권자는 도시개발사업에 관한 실시계획인가를 받은 후 2년 이내에 사업에 착수하지 아니하는 경우에는 시행자를 변경할 수 있다.

③ 지정권자가 아닌 시행자가 실시계획인가를 받은 후, 사업비의 100분의 20을 증액하는 경우에는 지정권자의 변경인가를 받아야 한다.

④ 실시계획의 인가에 의해 「도로법」에 따른 도로공사 시행의 허가는 의제될 수 없다.

⑤ 실시계획을 인가할 때 지정권자가 해당 실시계획에 대한 「도로법」에 따른 도로공사 시행의 허가에 관하여 미리 관계 행정기관의 장과 협의한 때에는 해당 허가를 받은 것으로 본다.

출제예상

도시개발법령상 환지방식으로 시행하는 구역에 대하여 지정권자가 실시계획을 작성하거나 인가한 경우 관할 등기소에 통보·제출하여야 하는 사항에 해당하지 <u>않는</u> 것은?

① 도시개발구역의 위치 및 면적   ② 사업의 명칭
③ 사업의 목적   ④ 시행방식
⑤ 인가된 실시계획에 관한 도서의 공람기간 및 공람장소

> 정답 ⑤

42 도시개발법령상 도시개발사업의 시행에 관한 설명으로 옳은 것은?

① 도시개발사업을 시행하는 한국관광공사인 시행자가 토지를 수용하려면 사업대상 토지면적의 3분의 2 이상에 해당하는 토지를 소유하고 토지소유자 총수의 2분의 1 이상의 동의를 받아야 한다.

② 지정권자는 전부를 환지방식으로 시행하는 시행자가 도시개발구역의 지정·고시일부터 6개월 이내에 실시계획인가를 신청하지 아니하는 경우에는 시행자를 변경할 수 있다.

③ 시행자가 아닌 지정권자는 도시개발사업에 필요한 토지 등을 수용하거나 사용할 수 있다.

④ 「한국수자원공사법」에 따른 한국수자원공사인 시행자는 설계·분양 등 도시개발사업의 일부를 「주택법」에 따른 주택건설사업자 등으로 하여금 도시개발사업의 일부를 대행하게 할 수 없다.

⑤ 지정권자는 도시개발구역 지정 이후 지방공사인 시행자가 도시개발사업의 시행방식을 혼용방식에서 전부 환지방식으로 변경하는 경우에는 도시개발사업의 시행방식을 변경할 수 있다.

핵심논점 17 수용방식

1. **수용의 주체**: 시행자는 필요한 토지 등을 수용할 수 있다. 공공사업 시행자는 면적 2/3 이상 소유 × + 총수 1/2 이상 동의 ×

2. **토지상환채권의 발행**: 토지상환채권은 매수대금의 일부(전부 ×) + 시행자발행

3. **공공사업시행자**: 지급보증 ×

4. **토지상환채권의 발행규모**: 1/2 초과할 수 없다.

5. **토지상환채권의 이율**: 발행자

6. **토지상환채권**: 기명식 증권(양도 가능), 질권목적 가능

7. **원형지**: 도시개발구역 전체 면적의 1/3 이내로 한정한다.

8. **원형지 매각금지**: 10년의 범위에서 대통령령으로 정하는 기간(공급계약일부터 10년 또는 공사완료공고일부터 5년 중 먼저 끝나는 기간) 안에는 원형지를 매각할 수 없다. 다만, 국가 및 지자체는 매각할 수 있다.

9. **원형지 공급방법**: 원형지개발자의 선정은 수의계약의 방법으로 한다. 다만, 학교용지 또는 공장용지에 해당하는 원형지개발자의 선정은 경쟁입찰의 방식으로 하며, 경쟁입찰이 2회 이상 유찰된 경우에는 수의계약의 방법으로 할 수 있다.

10. **원형지 공급가격**: 감정가격 + 기반시설 설치비용(공사비) ⇨ 시행자와 원형지개발자가 협의하여 정한다.

11. **조성토지 공급가격**: 감정가격으로 한다(학교, 폐기물처리시설, 공공청사, 유료를 제외한 사회복지시설, 임대주택은 감정가격 이하로 정할 수 있다). 다만, 공공사업시행자에게 임대주택을 공급하는 경우에는 감정가격 이하로 정하여야 한다.

12. **조성토지 공급방법**: 추첨방법(국민주택규모 이하의 주택건설용지, 공공택지, 330m² 이하의 단독주택, 공장용지), 수의계약(학교, 공공청사용지 등 공공용지, 토지상환채권으로 상환하는 경우)

43 도시개발법령상 수용 또는 사용방식에 따른 사업시행에 관한 설명으로 옳은 것은?

① 시행자가 토지상환채권을 발행할 경우, 그 발행규모는 토지상환채권으로 상환할 토지·건축물이 도시개발사업으로 조성되는 분양토지 또는 분양건축물 면적의 3분의 1을 초과하지 않아야 한다.

② 지정권자인 시행자는 조성되지 아니한 상태의 토지를 공급받거나 이용하려는 자로부터 국토교통부장관의 승인을 받아 해당 대금의 전부 또는 일부를 미리 받을 수 있다.

③ 원형지를 공급받은 「공공기관의 운영에 관한 법률」에 따른 공공기관은 도시개발구역 전체 토지면적의 3분의 1을 초과하여 원형지를 개발할 수 없다.

④ 원형지를 공장 부지로 직접 사용하는 자를 원형지개발자로 선정하는 경우에는 추첨의 방법으로 할 수 있다.

⑤ 실시계획을 고시한 경우에는 「공익사업을 위한 토지 등의 취득 및 보상에 관한 법률」에 따른 사업인정 및 고시가 있었던 것으로 본다.

44 도시개발법령상 조성토지의 공급에 관한 설명으로 틀린 것은?

① 지정권자가 아닌 시행자는 조성토지 등을 공급하려고 할 때에는 조성토지 등의 공급계획을 작성하여 지정권자의 승인을 받아야 한다.

② 일반에게 분양할 수 없는 공공용지를 국가, 지방자치단체에게 공급하는 경우에는 수의계약 방법으로 공급할 수 있다.

③ 조성토지 등의 가격 평가는 「감정평가 및 감정평가사에 관한 법률」에 따른 감정평가법인 등이 평가한 금액을 산술평균한 금액으로 한다.

④ 「주택법」에 따른 공공택지를 공급하는 경우에는 추첨의 방법으로 분양할 수 있다.

⑤ 토지소유자인 시행자가 200실 이상의 객실을 갖춘 호텔의 부지로 토지를 공급하는 경우에는 「감정평가 및 감정평가사에 관한 법률」에 따른 감정평가법인 등이 감정평가한 가격 이하로 정할 수 있다.

1. 환지계획의 내용 : 환지설계, 환지명세, 청산대상 토지명세, 체비지 · 보류지 명세, 입체환지명세

2. 환지계획의 인가 : 행정청이 아닌 시행자가 환지계획을 작성한 때에는 특별자치도지사 · 시장 · 군수 · 구청장의 인가를 받아야 한다.

3. 체비지 · 보류지 : ㉠ 규약 · 정관이 정하는 목적 ⇨ 보류지, ㉡ 경비 충당 ⇨ 체비지(준공검사 전이라도 사용할 수 있다)

4. 토지소유자의 신청에 의한 부지정 : 임차권자의 동의(○)

5. 면적이 작은 토지 : 증환지 또는 환지부지정할 수 있다.

6. 면적이 넓은 토지 : 감환지를 할 수 있다.

7. 공공시설용지 : 환지계획 작성기준을 적용하지 아니할 수 있다.

8. 환지예정지 : 지정할 수 있다. 사용 · 수익권이 종전의 토지에서 예정지로 이전한다. 따라서 종전의 토지는 사용하거나 수익할 수 없다.

9. 체비지 : 환지예정지(처분 가능). 이미 처분된 체비지는 매입한 자가 소유권이전등기를 마친 때 소유권 취득한다.

10. 환지처분시기 : 시행자는 지정권자에 의한 준공검사를 받은 경우에는 60일 이내에 환지처분을 하여야 한다.

11. 환지처분공고일 다음 날 : 종전의 토지로 본다.

12. 체비지 : 시행자가 취득(환지처분 공고일 다음 날),
    보류지 : 환지계획에서 정한 자가 취득(환지처분 공고일 다음 날)

13. 종전권리의 소멸 : 환지처분 공고일이 끝나는 때 소멸

14. 청산금 : 환지처분 하는 때 결정, 다음 날 확정

15. 청산금 소멸시효 : 5년

45 도시개발법령상 환지방식에 의한 사업시행에 관한 설명으로 옳은 것은?

① 행정청인 시행자가 환지계획을 작성한 경우에는 특별자치도지사, 시장·군수·구청장의 인가를 받아야 한다.

② 「공익사업을 위한 토지 등의 취득 및 보상에 관한 법률」에 해당하는 공공시설의 용지에 대하여는 환지계획을 정할 때 그 위치·면적 등에 관하여 환지계획 작성 기준을 적용하여야 한다.

③ 환지예정지의 지정이 있으면 종전의 토지에 대한 임차권자 등은 종전의 토지에 대해서는 사용하거나 수익할 수 없다.

④ 환지계획에서 환지를 정하지 아니한 종전 토지에 있던 권리는 환지처분이 공고된 날의 다음 날이 끝나는 때에 소멸한다.

⑤ 토지의 소유자가 신청하거나 동의하는 경우에는 해당 토지의 임차권자가 동의하지 않더라도 그 토지의 전부 또는 일부에 대하여 환지를 정하지 아니할 수 있다.

46 도시개발법령상 환지방식에 의한 사업시행에 관한 설명으로 틀린 것은?

① 도시개발사업 시행자가 환지방식으로 사업을 시행하는 경우 환지계획에는 체비지(替費地) 또는 보류지(保留地)의 명세가 포함되어야 한다.

② 행정청이 아닌 시행자가 인가받은 환지계획 중 환지로 지정된 토지나 건축물을 금전으로 청산하는 경우에는 변경인가를 받아야 한다.

③ 지방공사인 시행자가 도시개발사업의 전부를 환지방식으로 시행하려고 할 때에는 도시개발사업의 시행규정을 작성하여야 한다.

④ 시행자는 체비지의 용도로 환지예정지가 지정된 경우에는 도시개발사업에 드는 비용을 충당하기 위하여 이를 처분할 수 있다.

⑤ 시행자는 환지방식이 적용되는 도시개발구역에 있는 조성토지 등의 가격을 평가할 때에는 토지평가협의회의 심의를 거쳐 결정하되, 그에 앞서 감정평가법인 등이 평가하게 하여야 한다.

47 도시개발법령상 환지처분에 관한 설명으로 틀린 것은?

① 환지계획에서 정한 환지는 그 환지처분이 공고된 날의 다음 날부터 종전 토지로 본다.

② 행정상 처분이나 재판상 처분으로서 종전의 토지에 전속(專屬)하는 것에 관하여는 영향을 미치지 아니한다.

③ 지정권자가 시행자인 경우 법 제51조에 따른 공사완료 공고가 있은 때에는 60일 이내에 환지처분을 하여야 한다.

④ 환지를 정한 경우 그 과부족분에 대한 청산금은 환지처분이 공고된 날에 확정한다.

⑤ 체비지는 시행자가 환지처분이 공고된 날의 다음 날에 소유권을 취득한다.

⑥ 보류지는 환지계획에서 정한 자가 환지처분이 공고된 날의 다음 날에 소유권을 취득한다.

48 도시개발법령상 조합인 시행자가 면적식으로 환지계획을 수립하여 환지방식에 의한 사업시행을 하는 경우, 환지계획구역의 평균 토지부담률(%)은 얼마인가? (단, 다른 조건은 고려하지 않음)

> • 환지계획구역 면적 : 300,000m²
> • 공공시설의 설치로 시행자에게 무상귀속되는 토지면적 : 30,000m²
> • 시행자가 소유하는 토지면적 : 20,000m²
> • 보류지 면적 : 162,500m²

① 40 ② 45

③ 50 ④ 55

⑤ 60

POINT 계산문제 암기공식

1. 비례율 = [(도시개발사업으로 조성되는 토지·건축물의 평가액 합계 − 총사업비) ÷ 환지 전 토지·건축물의 평가액 합계] × 100

2. 평균토지부담률은 50%를 초과할 수 없다. 다만, 지정권자가 인정하는 경우에는 60%까지로 할 수 있으며, 토지소유자 총수의 3분의 2 이상이 동의한 경우에는 60%를 초과할 수 있다.

3. 시행자가 조합인 경우 평균토지부담률 = 보류지 면적 − (시행자에게 무상 귀속되는 공공시설의 면적 + 시행자가 소유하는 토지면적) ÷ 환지계획구역면적 − (시행자에게 무상 귀속되는 공공시설의 면적 + 시행자가 소유하는 토지면적) × 100

핵심논점 18-1 도시개발채권

1. 발행권자: 시·도지사(자금조달 목적)

2. 승인권자: 행정안전부장관

3. 발행방법: 무기명 또는 전자등록(세부적인 사항은 조례)

4. 이율: 조례로 정한다.

5. 상환기간: 5년부터 10년까지의 범위에서 조례로 정한다.

6. 소멸시효: 상환일부터 원금은 5년, 이자는 2년

7. 매입의무: 수용방식 + 국가, 지자체, 공공기관. 지방공사와 도급계약을 체결하는 자, 토지의 형질변경 허가를 받은 자

8. 매입필증 보관기간: 5년

9. 중도상환 가능: 착오로 매입한 경우, 초과 매입한 경우

49 도시개발법령상 도시개발채권에 관한 설명으로 틀린 것은?

① 「국토의 계획 및 이용에 관한 법률」에 따른 토지 분할 허가를 받은 자는 도시개발채권을 매입하여야 한다.

② 도시개발채권은 「주식·사채 등의 전자등록에 관한 법률」에 따라 전자등록하여 발행하거나 무기명으로 발행할 수 있으며, 발행방법에 관한 세부적인 사항은 시·도의 조례로 정한다.

③ 시·도지사가 도시개발채권을 발행하려면 행정안전부장관의 승인을 받아야 한다.

④ 도시개발채권의 상환기간은 5년부터 10년까지의 범위에서 지방자치단체의 조례로 정한다.

⑤ 도시개발채권의 소멸시효는 상환일부터 기산하여 원금은 5년, 이자는 2년으로 한다.

출제예상

도시개발법령상 국가 또는 지방자치단체인 시행자에게 국고에서 전부를 보조하거나 융자할 수 있는 대상을 모두 고른 것은?

| ㉠ 항만·도로 및 철도의 공사비 | ㉡ 하수도 및 폐기물처리시설의 공사비 |
| ㉢ 도시개발구역 안의 공동구의 공사비 | ㉣ 이주단지의 조성비 |

① ㉠　　　　　　② ㉠, ㉡　　　　　　③ ㉠, ㉢

④ ㉠, ㉡, ㉢　　　　　　⑤ ㉠, ㉡, ㉢, ㉣

> 정답 ⑤

핵심논점 19   기본계획

1. 수립권자: 특별시장·광역시장·특별자치시장·특별자치도지사 또는 시장 + 10년 단위 + 5년마다 타당성 검토하여야 한다.

2. 대도시가 아닌 시: 도지사가 대도시가 아닌 시로서 기본계획을 수립할 필요가 없다고 인정하는 시에 대해서는 기본계획을 수립하지 아니할 수 있다.

3. 생활권별 주거지의 정비·보전·관리의 방향이 포함된 경우: 개략적인 범위 및 단계별 정비사업추진계획을 생략할 수 있다.

4. 수립절차: 공람(14일 이상) + 지방의회 의견청취(60일 이내 의견제시) + 협의 + 심의

5. 승인: 대도시가 아닌 시장은 기본계획을 수립하려면 도지사의 승인을 받아야 한다.

6. 경미한 변경(공람, 지방의회, 협의, 심의, 승인✗): ① 정비기반시설의 규모를 확대하거나 10% 미만의 범위에서 축소하는 경우, ② 정비사업의 계획기간을 단축하는 경우, ③ 공동이용시설, 사회복지시설 및 주민문화시설에 대한 설치계획을 변경하는 경우, ④ 정비예정구역 면적을 20% 미만의 범위에서 변경하는 경우, ⑤ 단계별 정비사업 추진계획을 변경하는 경우, ⑥ 건폐율 및 용적률을 20% 미만의 범위에서 변경하는 경우

50   도시 및 주거환경정비법령상 도시·주거환경정비기본계획(이하 '기본계획'이라 함)에 관한 설명으로 틀린 것은?

① 광역시장이 기본계획을 수립하거나 변경하려면 관계 행정기관의 장과 협의한 후 지방도시계획위원회의 심의를 거쳐야 한다.

② 기본계획 수립권자는 기본계획을 수립하려는 경우에는 14일 이상 주민에게 공람하여 의견을 들어야 한다.

③ 대도시 시장은 기본계획의 내용 중 건폐율 및 용적률을 각 15%를 변경하는 경우에는 지방의회의 의견청취를 생략할 수 없다.

④ 기본계획에는 세입자에 대한 주거안정대책이 포함되어야 한다.

⑤ 기본계획의 작성방법은 국토교통부장관이 정한다.

51 도시 및 주거환경정비법령상 도시·주거환경정비기본계획(이하 '기본계획'이라 함)에 관한 설명으로 옳은 것은?

① 대도시 시장이 아닌 시장이 기본계획의 내용 중 사회복지시설 및 주민문화시설 등의 설치계획을 변경하는 경우에는 도지사의 승인을 받아야 한다.

② 대도시의 경우 도지사가 기본계획을 수립할 필요가 없다고 인정하는 경우에는 기본계획을 수립하지 아니할 수 있다.

③ 군수는 기본계획에 대하여 5년마다 타당성 여부를 검토하여 그 결과를 기본계획에 반영하여야 한다.

④ 기본계획의 수립권자는 기본계획에 생활권별 주거지의 정비·보전·관리의 방향이 포함된 경우에는 정비예정구역의 개략적인 범위 및 단계별 정비사업 추진계획을 생략할 수 있다.

⑤ 대도시 시장이 아닌 시장이 기본계획을 수립하거나 변경한 때에는 도지사에게 보고하여야 한다.

52 도시 및 주거환경정비법령상 정비계획을 변경하는 경우에 주민설명회, 주민공람 및 지방의회 의견청취 절차를 생략할 수 있는 경우가 <u>아닌</u> 것은?

① 건축물의 최고 높이를 변경하는 경우

② 건축물의 건폐율 또는 용적률을 10% 미만 범위에서 확대하는 경우

③ 재난방지에 관한 계획을 변경하는 경우

④ 정비사업 시행예정시기를 5년의 범위 안에서 조정하는 경우

⑤ 정비기반시설의 규모를 10% 미만 범위에서 변경하는 경우

핵심논점 20 정비구역

1. 허가대상 : 가설건축물의 건축, 용도변경, 공유수면매립, 토지분할, 토석채취, 물건을 쌓아놓는 행위(1개월 이상), 죽목의 벌채 및 식재

2. 허용사항 : 비닐하우스의 설치, 경작 + 형질변경, 관상용 죽목의 임시식재(경작지에서의 임시식재는 허가를 요한다)

3. 기득권 보호 : 착수 + 신고(30일 이내)

4. 정비구역의 의무적 해제사유 : 정비구역 지정 예정일(3년), 추진위원회(2년), 조합(3년), 재개발사업을 토지등소유자가 시행하는 경우(5년)

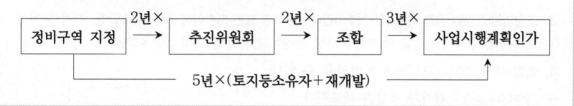

53 도시 및 주거환경정비법령상 정비구역에서의 행위 중 시장·군수 등의 허가를 받지 않고 정비구역 안에서 할 수 있는 행위로 옳은 것은?

> ⊙ 농림수산물의 생산에 직접 이용되는 버섯재배사의 설치
> ⓒ 「건축법」에 따른 건축물의 대수선
> ⓒ 이동이 쉽지 아니한 물건을 2개월 동안 쌓아놓는 행위
> ② 죽목의 벌채
> ⑩ 경작지에서의 관상용 죽목의 임시식재

① ㄱ, ㄴ   ② ㄴ, ㅁ
③ ㄷ, ㄹ   ④ ㄱ, ㄴ, ㅁ
⑤ ㄱ, ㄹ, ㅁ

핵심논점 21 정비사업조합

1. 조합원 : 토지등소유자(재건축사업은 조합설립에 동의한 자만 조합원이 될 수 있다).
   공유 : 1인을 조합원으로 본다.

2. 조합설립인가 동의요건
   ① 재개발사업 : 토지등소유자 4분의 3 이상 + 토지면적 2분의 1 이상
   ② 주택단지에서 시행하는 재건축사업 : 동별 과반수 동의 + 전체 구분소유자 4분의 3 이상 및 토지면적 4분의 3 이상
   ③ 주택단지가 아닌 지역에서 시행하는 재건축사업 : 토지 또는 건축물 소유자의 4분의 3 이상 및 토지면적의 3분의 2 이상의 토지소유자의 동의

3. 조합임원(선임일 직전 3년 동안 거주기간이 1년 이상 또는 5년 이상 소유) : 조합장, 이사(토지등소유자의 수가 100명을 초과하면 5명 이상), 감사(1명 이상 3명 이하)

4. 조합임원의 임기 : 3년 이하 + 연임할 수 있다.

5. 계약이나 소송 : 감사가 조합을 대표한다.

6. 조합원의 수가 100명 이상 : 대의원회를 두어야 한다.

7. 조합장이 아닌 이사와 감사는 대의원이 될 수 없다.

8. 퇴임 전 행위의 효력 : 퇴임된 임원이 퇴임 전에 관여한 행위는 효력을 잃지 아니한다.

9. 시공자 선정을 의결하는 총회 : 조합원 과반수가 직접 출석하여야 한다.

10. 창립총회, 시공자 선정 취소를 위한 총회, 사업시행계획서의 작성 및 변경, 관리처분계획의 수립 및 변경, 정비사업비의 사용 및 변경을 의결하는 총회 : 조합원 100분의 20 이상이 직접 출석하여야 한다.

11. 정관의 변경
    ① 조합원 자격
    ② 조합원의 제명·탈퇴 및 교체
    ③ 정비구역의 위치 및 면적
    ④ 조합의 비용부담 및 조합의 회계
    ⑤ 정비사업비의 부담시기 및 절차
    ⑥ 시공자·설계자 선정 및 계약서에 포함될 사항은 조합원 3분의 2 이상의 찬성으로 한다.

12. 대의원회에서 대행할 수 없는 사항
    ① 정관의 변경
    ② 자금의 차입
    ③ 예산으로 정한 사항 외의 조합원에게 부담이 될 계약
    ④ 정비사업비의 변경
    ⑤ 시공자·설계자 선정 및 변경
    ⑥ 정비사업전문관리업자의 선정 및 변경
    ⑦ 조합임원의 선임(이사와 감사의 보궐선임은 제외) 및 해임
    ⑧ 조합의 합병 또는 해산(사업 완료로 인한 해산은 제외)

54 도시 및 주거환경정비법령상 정비사업조합에 관한 설명으로 옳은 것은?

① 조합임원은 조합원 5분의 1 이상의 요구로 소집된 총회에서 조합원 과반수의 출석과 출석 조합원 과반수의 동의를 받아 해임할 수 있다.

② 재건축사업의 추진위원회가 조합을 설립하려는 경우에 주택단지가 아닌 지역이 정비구역에 포함된 때에는 주택단지가 아닌 지역의 토지 또는 건축물 소유자의 4분의 3 이상 및 토지면적 2분의 1 이상의 동의를 받아야 한다.

③ 재건축사업의 경우에는 조합원으로서 정비구역에 위치한 건축물과 그 부속토지를 5년 이상 소유하고 있는 자는 조합의 감사가 될 수 있다.

④ 예산으로 정한 사항 외에 조합원의 부담이 될 계약에 관한 사항은 대의원회에서 총회의 권한을 대행할 수 있다.

⑤ 토지등소유자의 수가 150명인 경우에는 이사의 수를 3명 이상으로 한다.

⑥ 퇴임된 임원이 퇴임 전에 관여한 행위는 그 효력을 잃는다.

출제예상

도시 및 주거환경정비법령상 조합총회의 의결사항 중 대의원회가 대행할 수 없는 사항을 모두 고른 것은?

㉠ 조합의 합병
㉡ 정비사업비 변경에 관한 사항
㉢ 이사, 감사의 보궐선임
㉣ 조합장의 해임
㉤ 정비사업비의 조합원별 분담내역
㉥ 정비사업전문관리업자의 변경

① ㉠, ㉡, ㉢, ㉣　　　　　　　　　　② ㉠, ㉡, ㉣, ㉤

③ ㉠, ㉡, ㉣, ㉥　　　　　　　　　　④ ㉠, ㉡, ㉤, ㉥

⑤ ㉠, ㉡, ㉣, ㉤, ㉥

> 정답 ③

55 도시 및 주거환경정비법령상 조합이 정관을 변경하기 위하여 조합원 3분의 2 이상의 찬성이 필요한 사항이 <u>아닌</u> 것은?

① 조합임원의 수 및 업무범위

② 시공자·설계자의 선정 및 계약서에 포함될 사항

③ 정비구역의 위치 및 면적에 관한 사항

④ 조합의 비용부담 및 조합의 회계에 관한 사항

⑤ 정비사업비의 부담 시기 및 절차에 관한 사항

56 도시 및 주거환경정비법령상 재개발사업을 시행하기 위하여 조합을 설립하고자 할 때, 다음 표의 예시에서 산정되는 토지등소유자의 수로 옳은 것은? (단, 권리 관계는 제시된 것만 고려하며, 토지는 정비구역 안에 소재함)

지번	토지소유자	건축물 소유자	지상권자
1	A	B	
2	C		D
3	E		F
4	B	B	

① 3명   ② 4명

③ 5명   ④ 6명

⑤ 7명

핵심논점 22 주민대표회의

1. 위원장 포함 5명 이상 25명 이하로 구성

2. 위원장과 부위원장 각 1명과 1명 이상 3명 이하의 감사를 둔다.

3. 토지등소유자 과반수 동의 + 시장·군수 등의 승인

4. 주민대표회의 또는 세입자(상가세입자 포함)는 시행자가 시행규정을 정하는 때 의견을 제시할 수 있다.

57 도시 및 주거환경정비법령상 주민대표회의 등에 관한 설명으로 옳은 것은?

① 토지등소유자가 신탁업자의 사업시행을 원하는 경우에는 정비구역 지정·고시 후 주민대표회의를 구성하여야 한다.

② 주민대표회의는 위원장을 포함하여 5명 이상 20명 이하로 구성한다.

③ 주민대표회의는 토지등소유자 3분의 2 이상의 동의를 받아 구성한다.

④ 주민대표회의에는 위원장과 부위원장 각 1명과 1명 이상 3명 이하의 이사를 둔다.

⑤ 세입자는 사업시행자가 정비사업비의 부담의 사항에 관하여 시행규정을 정하는 때에 의견을 제시할 수 있다.

58 도시 및 주거환경정비법령상 정비사업의 시행에 관한 설명으로 옳은 것은?

① 인가받은 사업시행계획 중 건축물이 아닌 부대·복리시설의 위치를 변경하려는 때에는 시장·군수 등에게 신고하여야 한다.

② 재개발사업은 인가받은 관리처분계획에 따라 건축물을 건설하여 공급하는 방법 및 환지로 공급하는 방법을 혼용할 수 있다.

③ 주거환경개선사업을 위한 정비구역에서 오피스텔을 건축하는 경우에는 「국토의 계획 및 이용에 관한 법률」에 따른 준주거지역 및 상업지역에서만 건설할 수 있다.

④ 조합의 정관에는 정비사업이 종결된 때의 청산절차가 포함되어야 한다.

⑤ 조합설립인가 후 시장·군수 등이 지방공사를 사업시행자로 지정·고시한 때에는 그 고시일에 조합설립인가가 취소된 것으로 본다.

1. 분양통지 및 공고 : 사업시행계획인가의 고시일부터 120일 이내에 토지등소유자에게 통지 + 일간신문에 공고

2. 분양신청기간 : 통지한 날부터 30일 이상 60일 이내 분양신청기간은 20일의 범위에서 연장할 수 있다.

3. 위해방지 : 건축물의 일부와 대지의 공유지분 교부

4. 정비구역 지정 후 분할된 토지 또는 집합건물의 구분소유권을 취득한 자 : 현금 청산

5. 분양설계 : 분양신청기간이 만료되는 날

6. 공유 : 1주택 공급

7. 근로자 숙소, 기숙사 용도, 국가, 지방자치단체, 토지주택공사등 : 소유한 주택 수만큼 공급할 수 있다.

8. 공람 : 30일 이상 + 중지·폐지도 인가

9. 경미한 변경(신고)
   ① 계산착오 등에 따른 조서의 단순정정인 때(불이익을 받는 자가 없는 경우에 한함)
   ② 시행자의 변동에 따른 권리의무의 변동이 있는 경우로서 분양설계의 변동을 수반하지 아니하는 경우

10. 시행자의 동의를 받은 경우와 손실보상이 완료되지 아니한 경우에는 종전의 토지 또는 건축물을 사용하거나 수익할 수 있다.

11. 임대주택 인수의무 : 국장, 시·도지사, 시장·군수·구청장 또는 토지주택공사 등은 조합이 요청하면 재개발사업의 시행으로 건설된 임대주택을 인수하여야 한다.
    ⇨ 시·도지사, 시장·군수·구청장이 우선 인수하여야 한다.

12. 지분형 주택
    ㉠ 60m² 이하인 주택으로 한정한다.
    ㉡ 공동소유기간은 10년의 범위에서 시행자가 정한다.

13. 토지임대부 분양주택으로 전환 : 90m² 미만의 토지만 소유한 자 또는 40m² 미만의 건축물만 소유한 자가 요청

14. 청산금 소멸시효 : 이전고시일 다음 날 + 5년

15. 시장·군수등이 아닌 시행자 : 강제징수 위탁(4/100)

16. 청산금의 물상대위 : 청산금에 대하여 저당권을 행사할 수 있다.

59 도시 및 주거환경정비법령상 관리처분계획에 관한 설명으로 **틀린** 것은?

① 시장·군수 등은 관리처분계획의 타당성 검증을 요청하는 경우에는 관리처분계획의 신청을 받은 날부터 60일 이내에 인가 여부를 결정하여 사업시행자에게 통지하여야 한다.

② 분양설계에 관한 계획은 분양신청기간이 만료되는 날을 기준으로 하여 수립한다.

③ 재개발사업의 시행자는 관리처분계획에 따라 정비기반시설 및 공동이용시설을 새로 설치하여야 한다.

④ 재개발사업에서 지방자치단체인 토지등소유자가 하나 이상의 주택 또는 토지를 소유한 경우에는 소유한 주택 수만큼 공급할 수 있다.

⑤ 주거환경개선사업의 관리처분은 정비구역 안의 지상권자에 대한 분양을 제외하여야 한다.

출제예상

도시 및 주거환경정비법령상 관리처분계획에 따른 처분 등에 관한 설명으로 틀린 것은?

① 정비사업의 시행으로 조성된 대지 및 건축물은 관리처분계획에 따라 처분 또는 관리하여야 한다.

② 분양신청기간은 20일의 범위에서 한 차례만 연장할 수 있다.

③ 기숙사 용도로 주택을 소유하고 있는 토지등소유자에게는 소유한 주택 수만큼 주택을 공급할 수 있다.

④ 국토교통부장관은 정비구역에서 바닥면적이 50m²인 사실상 주거를 위하여 사용하는 건축물을 소유한 자로서 토지를 소유하지 아니한 자의 요청이 있는 경우에는 인수한 임대주택의 일부를 토지임대부 분양주택으로 전환하여 공급하여야 한다.

⑤ 사업시행자는 분양신청을 받은 후 잔여분이 있는 경우에는 사업시행계획으로 정하는 목적을 위하여 보류지로 정할 수 있다.

> 정답 ④

POINT 사업시행계획의 경미한 변경 ⇨ 신고

1. 대지면적을 10%의 범위 안에서 변경하는 때
2. 건축물이 아닌 부대시설·복리시설의 설치규모를 확대하는 때(위치가 변경되는 경우는 제외)
3. 내장재료 또는 외장재료를 변경하는 때
4. 사업시행계획인가의 조건으로 부과된 사항의 이행에 따라 변경하는 때
5. 사업시행자의 명칭 또는 사무소 소재지를 변경하는 때
6. 정비구역 또는 정비계획의 변경에 따라 사업시행계획서를 변경하는 때
7. 건축물의 설계와 용도별 위치를 변경하지 아니하는 범위에서 건축물의 배치 및 주택단지 안의 도로선형을 변경하는 때

60 도시 및 주거환경정비법령상 관리처분계획에 관한 설명으로 옳은 것은?

① 사업시행자의 변동에 따른 권리·의무의 변동이 있는 경우로서 분양설계의 변동을 수반하는 경우에는 시장·군수 등에게 신고하여야 한다.

② 토지주택공사 등은 조합이 요청하는 경우 재개발사업의 시행으로 건설된 임대주택을 인수하여야 한다.

③ 관리처분계획 인가고시가 있은 때에는 종전의 토지의 임차권자는 사업시행자의 동의를 받더라도 소유권의 이전고시가 있는 날까지 종전의 토지를 사용할 수 없다.

④ 재건축사업의 관리처분은 조합이 조합원 전원의 동의를 받더라도 법령상 정해진 관리처분 기준과 달리 정할 수 없다.

⑤ 지분형 주택의 공동소유기간은 20년의 범위에서 사업시행자가 정하는 기간으로 한다.

61 도시 및 주거환경정비법령상 공사완료에 따른 조치 등에 관한 설명으로 옳은 것을 모두 고른 것은?

> ㉠ 사업시행자인 지방공사가 정비사업 공사를 완료한 때에는 시장·군수 등의 준공인가를 받지 않아도 된다.
>
> ㉡ 대지 또는 건축물을 분양받을 자는 소유권 이전고시가 있은 날의 다음 날에 그 대지 또는 건축물의 소유권을 취득한다.
>
> ㉢ 청산금을 지급받을 권리 또는 이를 징수할 권리는 소유권 이전의 고시일로부터 5년간 행사하지 아니하면 소멸한다.
>
> ㉣ 정비구역에 있는 토지 또는 건축물에 저당권을 설정한 권리자는 사업시행자가 저당권이 설정된 토지 또는 건축물의 소유자에게 청산금을 지급하기 전에 압류절차를 거쳐 저당권을 행사할 수 있다.
>
> ㉤ 준공인가에 따라 정비구역의 지정이 해제되면 조합도 해산된 것으로 본다.

① ㉡, ㉣   ② ㉠, ㉡

③ ㉠, ㉡, ㉣   ④ ㉢, ㉣, ㉤

⑤ ㉠, ㉡, ㉢, ㉣

핵심논점 24 보조 및 융자

1. 보조 : 국가 또는 지방자치단체가 시장·군수 등이 아닌 사업시행자에게 보조할 수 있는 금액은 기초조사비, 정비기반시설 및 임시거주시설의 사업비, 조합운영 경비의 각 50% 이내로 한다.

2. 융자 : 국가 또는 지방자치단체는 시장·군수 등이 아닌 사업시행자에게 다음의 사항에 필요한 비용의 각 80퍼센트 이내에서 융자하거나 융자를 알선할 수 있다.
   ① 기초조사비
   ② 정비기반시설 및 임시거주시설의 사업비
   ③ 세입자 보상비
   ④ 주민 이주비

출제예상

도시 및 주거환경정비법령상 국가 또는 지방자치단체가 시장·군수 등이 아닌 시행자에게 필요한 비용의 80퍼센트 이내에서 융자하거나 융자를 알선할 수 있는 사항이 <u>아닌</u> 것은? (단, 조례는 고려하지 않음)

① 기초조사비   ② 정비기반시설 및 임시거주시설 사업비
③ 세입자 보상비   ④ 주민 이주비
⑤ 조합운영경비

> 정답 ⑤

핵심논점 **25** 용어정의

1. 주요구조부 : 내력벽, 기둥, 바닥, 보, 지붕틀, 주계단

2. 지하층 : 바닥에서 지표면까지의 평균높이가 해당 층 높이의 2분의 1 이상인 것

3. 고층건축물 : 30층 이상 또는 120m 이상인 건축물

4. 초고층건축물 : 50층 이상 또는 200m 이상인 건축물

5. 다중이용건축물 : 16층 이상 또는 바닥면적의 합계가 5천m² 이상인 문화 및 집회시설(동물원 및 식물원은 제외), 종교시설, 판매시설, 여객용 시설, 종합병원, 관광숙박시설

6. 준다중이용건축물 : 바닥면적의 합계가 1천m² 이상인 건축물(동물원, 식물원, 업무시설, 수련시설, 제1종, 제2종 근린생활시설은 제외)

7. 특수구조건축물
   ① 한쪽 끝은 고정되고 다른 끝은 지지되지 아니한 구조로 된 보·차양 등이 외벽의 중심선으로부터 3m 이상 돌출된 건축물
   ② 기둥과 기둥 사이의 거리가 20m 이상인 건축물

62 건축법령상 용어에 관한 설명으로 옳은 것은?

① 건축물의 지붕틀을 해체하여 같은 대지의 다른 위치로 옮기는 것은 이전에 해당한다.

② 내력벽, 사이 기둥, 바닥, 보, 지붕틀 및 주계단은 건축물의 주요구조부에 해당한다.

③ 기존 건축물이 있는 대지에서 건축물의 내력벽을 증설하여 연면적을 늘리는 것은 증축에 해당한다.

④ 층수가 15층이고 바닥면적의 합계가 6,000m²인 일반숙박시설은 다중이용건축물에 해당한다.

⑤ 건축물이 초고층건축물에 해당하려면 층수가 50층 이상이고 높이가 200m 이상이어야 한다.

핵심논점 25-1 건축법 적용대상

1. 건축법을 적용하지 아니하는 건축물
   ① 지정문화유산·임시지정문화유산, 명승·임시지정명승
   ② 운전보안시설, 철도 선로의 위나 아래를 가로지르는 보행시설, 플랫폼, 철도 또는 궤도 사업용 급수·급탄 및 급유시설
   ③ 고속도로 통행료 징수시설
   ④ 컨테이너를 이용한 간이창고(공장의 용도 + 이동이 쉬운 것)
   ⑤ 하천구역 내의 수문조작실

2. 전면적 적용대상지역 : 도시지역, 비도시지역의 지구단위계획구역, 동 또는 읍

3. 전면적 적용대상지역 외의 지역에서 적용하지 않는 규정 : 대지와 도로의 관계, 도로의 지정·폐지·변경, 건축선의 지정, 건축선에 따른 건축제한, 방화지구, 분할 제한

4. 신고대상 공작물
   ① 높이 2m를 넘는 옹벽 또는 담장
   ② 높이 4m를 넘는 장식탑, 기념탑, 첨탑, 광고탑, 광고판
   ③ 높이 6m를 넘는 굴뚝
   ④ 높이 6m를 넘는 골프연습장 등의 운동시설을 위한 철탑과 주거지역·상업지역에 설치하는 통신용 철탑
   ⑤ 높이 8m를 넘는 고가수조
   ⑥ 높이 8m(위험방지를 위한 난간의 높이는 제외) 이하의 기계식 주차장 및 철골 조립식 주차장으로서 외벽이 없는 것
   ⑦ 바닥면적 30m²를 넘는 지하대피호
   ⑧ 높이 5m를 넘는 태양에너지를 이용하는 발전설비

63 건축법령상 건축법이 모두 적용되지 않는 건축물만을 모두 고른 것은? (단, 건축법 이외의 특례는 고려하지 않음)

> ㉠ 「문화유산의 보존 및 활용에 관한 법률」에 따른 지정문화유산
> ㉡ 철도의 선로 부지에 있는 플랫폼
> ㉢ 공공도서관
> ㉣ 고속도로 통행료 징수시설
> ㉤ 「하천법」에 따른 하천구역 내의 수문조작실

① ㉠, ㉡, ㉢   ② ㉠, ㉡, ㉣
③ ㉠, ㉡, ㉤   ④ ㉠, ㉡, ㉣, ㉤
⑤ ㉠, ㉡, ㉢, ㉣, ㉤

64 건축법령상 특별자치시장·특별자치도지사 또는 시장·군수·구청장에게 신고하고 축조하여야 하는 공작물에 해당하는 것은? (단, 건축물과 분리하여 축조한 경우이며, 공용건축물에 관한 특례 규정은 고려하지 않음)

① 바닥면적 25제곱미터의 지하대피호
② 높이 4미터의 기념탑
③ 높이 7미터의 고가수조
④ 높이 5미터의 「신에너지 및 재생에너지 개발·이용·보급촉진법」에 따른 태양에너지를 이용한 발전설비
⑤ 높이 7미터의 골프연습장 등의 운동시설을 위한 철탑

출제예상 ·

건축법령상 지구단위계획구역이 아닌 농림지역으로서 동이나 읍이 아닌 지역에서 적용하지 <u>않는</u> 규정으로 옳은 것은?

① 「건축법」제40조 대지의 안전 등
② 「건축법」제45조 도로의 지정·폐지 또는 변경
③ 「건축법」제55조 건폐율
④ 「건축법」제56조 용적률
⑤ 「건축법」제58조 대지 안의 공지

> 정답 ②

핵심논점 26 건축물의 건축과 대수선

1. **신축**: 건축물이 없는 대지에 새로 건축물을 축조하는 것
2. **증축**: 기존 건축물이 있는 대지에서 건축면적, 연면적, 층수 또는 높이를 늘리는 것
3. **개축**: 해체 + 종전과 같은 규모의 범위에서 다시 축조
4. **재축**: 멸실 + 종전 규모 이하로 다시 축조
5. **이전**: 주요구조부를 해체(×) + 같은 대지의 다른 위치로 옮기는 것
6. **대수선**
   ① 내력벽을 증설 또는 해체하거나 그 벽면적을 30m² 이상 수선 또는 변경
   ② 기둥, 보, 지붕틀을 증설·해체하거나 3개 이상 수선 또는 변경
   ③ 방화벽 또는 방화구획을 위한 바닥 또는 벽을 증설 또는 해체하거나 수선 또는 변경
   ④ 주계단, 피난계단 또는 특별피난계단을 증설 또는 해체하거나 수선 또는 변경
   ⑤ 건축물의 외벽에 설치하는 마감재료를 증설 또는 해체하거나 30m² 이상 수선 또는 변경

65 건축법령상 대수선에 해당하는 것을 모두 고른 것은?

> ㉠ 기둥을 4개 변경하는 것
> ㉡ 방화구획을 위한 벽을 20m² 수선하는 것
> ㉢ 기존 건축물이 있는 대지에서 특별피난계단을 증설하여 건축면적을 늘리는 것
> ㉣ 내력벽의 벽면적을 40m² 수선하는 것
> ㉤ 건축물의 주요구조부를 해체하지 아니하고 같은 대지의 다른 위치로 옮기는 것

① ㉠, ㉡, ㉣
② ㉠, ㉢, ㉣
③ ㉠, ㉢, ㉤
④ ㉡, ㉢, ㉣, ㉤
⑤ ㉠, ㉢, ㉣, ㉤

1. 용도변경: 특별자치시장·특별자치도지사 또는 시장·군수·구청장(특별시장·광역시장 ×)

2. 시설군 및 용도
   ① 자: 자동차 관련 시설
   ② 산: 공장, 창고, 자원순환관련시설, 위험물저장 및 처리시설, 운수시설, 묘지 관련 시설, 장례시설
   ③ 전: 방송통신시설, 발전시설
   ④ 문: 종교, 관광휴게, 위락시설, 문화 및 집회시설
   ⑤ 영: 운동시설, 숙박, 판매, 2종 근생 중 다중생활시설
   ⑥ 교: 노유자, 교육연구, 수련, 야영장, 의료시설
   ⑦ 근: 1종 근생, 2종 근생(다중생활시설은 제외)
   ⑧ 주: 단독주택, 공동주택, 업무, 교정, 국방·군사시설
   ⑨ 기: 동물 및 식물 관련 시설

3. 상위군: 허가대상, 하위군: 신고대상

4. 같은 시설군 안에서 용도변경: 건축물대장 기재변경 신청

5. 같은 호에서의 용도변경은 건축물대장 기재변경 신청

6. 허가대상, 신고대상 + 100㎡ 이상(500㎡ 미만은 대수선을 수반하는 경우에 한함): 사용승인 대상

7. 허가대상 + 500㎡ 이상: 건축사 설계 대상

8. 복수용도의 인정: 허가권자는 지방건축위원회의 심의를 거쳐 다른 시설군의 용도 간 복수용도를 허용할 수 있다.

---

66 건축법령상 甲은 A광역시 B구에서 건축물의 용도를 변경하려고 한다. 건축법령상 이에 관한 설명으로 옳은 것은?

① 독서실을 무도학원으로 용도를 변경하는 경우에는 B구청장에게 신고를 하여야 한다.

② 위락시설을 숙박시설로 용도를 변경하는 경우에는 B구청장에게 허가를 받아야 한다.

③ 제2종 근린생활시설 중 다중생활시설을 동물병원으로 용도를 변경하는 경우에는 A광역시장에게 신고하여야 한다.

④ B구청장은 甲이 종교시설과 운동시설의 복수 용도로 용도변경을 신청한 경우 지방건축위원회의 심의를 거쳐 이를 허용할 수 있다.

⑤ 신고대상인 경우로서 용도변경하려는 부분의 바닥면적의 합계가 600㎡인 경우에는 그 설계는 건축사가 하여야 한다.

⑥ 허가대상인 경우로서 용도변경하려는 부분의 바닥면적의 합계가 800㎡인 경우에는 사용승인을 받지 않아도 된다.

핵심논점 28 건축허가 및 건축신고

1. 사전결정 통지의 효과: 개발행위허가, 산지전용허가(보전산지는 도시지역만 의제), 농지전 용허가, 하천점용 허가를 한 것으로 본다.

2. 건축허가 신청의무: 통지받은 날부터 2년 이내

3. 허가권자
   ① 원칙: 특별자치시장, 특별자치도지사, 시장, 군수, 구청장
   ② 예외: 특별시장, 광역시장[21층 이상 또는 연면적 합계가 10만m² 이상인 건축물(공장, 창고는 제외)]

4. 도지사 사전승인
   ① 21층 이상 또는 연면적 합계가 10만m² 이상인 건축물(공장, 창고는 제외)
   ② 자연환경, 수질보호 + 3층 이상 또는 연면적 합계가 1,000m² 이상 + 위락시설, 숙박시 설, 공동주택, 일반음식점, 일반업무시설
   ③ 주거환경, 교육환경 + 위락시설, 숙박시설

5. 건축신고대상: 바닥면적의 합계가 85m 이내의 증축·개축·재축, 연면적이 200m² 미만이 고 3층 미만인 건축물의 대수선, 연면적 합계가 100m² 이하인 건축물의 건축, 높이 3m 이내의 증축, 2층 이하 + 500m² 이하인 공장

6. 건축신고: 1년 이내 착수× 효력 상실

7. 건축허가 및 착공제한
   ① 국토교통부장관이 제한: ㉠ 국토관리, ㉡ 주무부장관이 국방, 국가유산의 보존, 환경 보 전, 국민 경제 ⇨ 요청
   ② 특별시장·광역시장·도지사가 제한: ㉠ 지역계획, ㉡ 도시·군계획상 필요한 경우
   ③ 특별시장·광역시장·도지사 ⇨ 국토교통부장관에게 즉시 보고하여야 하며, 보고를 받 은 국토교통부장관은 제한의 내용이 지나치다고 인정하면 해제를 명할 수 있다.
   ④ 제한기간: 2년 이내로 한다. 다만, 1회에 한하여 1년의 범위에서 연장할 수 있다.
   ⑤ 공고: 허가권자

8. 안전영향평가를 실시하여야 하는 건축물: ① 초고층 건축물, ② 연면적이 10만m² 이상 + 16 층 이상인 건축물

67 건축법령상 시장·군수가 건축허가를 하기 위해 도지사의 사전승인을 받아야 하는 건축물로 옳은 것은?

① 연면적의 10분의 3을 증축하여 층수가 21층이 되는 창고
② 주거환경을 보호하기 위하여 도지사가 지정·공고한 구역에 건축하는 연면적의 합계가 700㎡이고 2층인 다중생활시설
③ 수질을 보호하기 위하여 도지사가 지정·공고한 구역에 건축하는 연면적의 합계가 1,500㎡인 3층의 안마시술소
④ 연면적의 10분의 4를 증축하여 연면적의 합계가 10만㎡인 공장
⑤ 자연환경을 보호하기 위하여 도지사가 지정·공고한 구역에 건축하는 연면적의 합계가 2,000㎡인 4층의 아동복지시설

68 건축법령상 건축신고를 하면 건축허가를 받은 것으로 볼 수 있는 경우만을 모두 고른 것은?

> ㉠ 연면적 150㎡인 2층 건축물의 대수선
> ㉡ 연면적 300㎡인 2층 건축물의 기둥 4개를 수선
> ㉢ 연면적 250㎡인 3층 건축물의 방화벽 증설
> ㉣ 바닥면적 100㎡인 단층 건축물의 신축
> ㉤ 1층 바닥면적 60㎡, 2층 바닥면적 30㎡인 2층 건축물의 신축

① ㉠, ㉡, ㉣
② ㉠, ㉢, ㉣
③ ㉠, ㉢, ㉤
④ ㉡, ㉢, ㉣, ㉤
⑤ ㉠, ㉡, ㉣, ㉤

[출제예상]

건축법령상 건축허가와 건축신고에 관한 설명으로 틀린 것은?

① 건축허가를 받은 건축물의 공사감리자를 변경하려면 신고를 하여야 한다.
② 건축신고를 한 자가 신고일부터 1년 이내에 공사에 착수하지 아니하면 그 신고의 효력이 없어진다.
③ 연면적이 180㎡이고 3층인 건축물의 대수선은 건축허가 대상이다.
④ 건축법상 건축허가를 받으면 「사도법」에 따른 사도개설허가를 받은 것으로 본다.
⑤ 연면적의 합계가 300㎡인 건축물의 높이를 3m 증축할 경우 건축허가 대상이다.

> 정답 ⑤

69 **건축법령상 건축허가의 제한 및 착공제한에 관한 설명으로 틀린 것은?**

① 국토교통부장관은 건축허가나 착공을 제한하는 경우 제한목적·기간, 대상 건축물의 용도와 대상 구역의 위치·면적·경계를 지체 없이 공고하여야 한다.

② 특별시장·광역시장·도지사는 지역계획 또는 도시·군계획에 특히 필요하다고 인정하면 시장·군수 또는 구청장의 건축허가를 제한할 수 있다.

③ 국토교통부장관은 문화체육관광부장관이 국가유산의 보존을 위하여 요청하면 허가권자의 건축허가를 제한할 수 있다.

④ 건축허가나 착공을 제한하는 경우 제한기간은 2년 이내로 하되, 1회에 한하여 1년 이내의 범위에서 연장할 수 있다.

⑤ 특별시장·광역시장·도지사가 건축허가를 제한한 경우 즉시 국토교통부장관에게 보고하여야 하며, 보고를 받은 국토교통부장관은 제한의 내용이 지나치다고 인정하면 해제를 명할 수 있다.

핵심논점 29 대지와 도로

1. 옹벽의 외벽면: 지지 또는 배수를 위한 시설 외의 구조물이 밖으로 튀어나오지 아니하게 할 것

2. 대지의 조경 제외: 녹지지역에 건축하는 건축물, 공장, 축사, 도시·군계획시설에 건축하는 가설건축물, 연면적의 합계가 1,500m² 미만인 물류시설(주거지역 또는 상업지역에 건축하는 경우에는 조경의무가 있다).

3. 공개공지 설치대상: 일반주거지역, 준주거지역, 상업지역, 준공업지역 + 5,000m² 이상 + 문화 및 집회시설, 종교시설, 판매시설(농수산물유통시설 제외), 운수시설(여객용 시설), 업무시설, 숙박시설

4. 공개공지 확보면적: 대지면적의 100분의 10 이하(조례)

5. 공개공지 설치시 완화규정: 용적률(1.2배 이하), 건축물의 높이제한(1.2배 이하)

6. 공개공지 활용: 연간 60일 이내의 기간 동안 주민들을 위한 문화행사를 열거나 판촉활동을 할 수 있다.

7. 건축선에 따른 건축제한: 건축물과 담장은 건축물의 수직면을 넘어서는 아니 된다. 다만, 지표 아래 부분은 수직면을 넘을 수 있다.

8. 건축선에 따른 수직제한: 도로면으로부터 4.5m 이하의 출입구, 창문은 열고 닫을 때 건축선의 수직면을 넘지 아니하는 구조로 하여야 한다.

70 건축법령상 대지의 조경 및 공개공지 등에 관한 설명으로 **틀린** 것은? (단, 건축법상 특례는 고려하지 않음)

① 도시·군계획시설에 건축하는 가설건축물의 경우에는 조경 등의 조치를 하지 아니할 수 있다.

② 면적이 5,000m² 미만인 대지에 건축하는 공장에 대하여는 조경 등의 조치를 하지 아니할 수 있다.

③ 대지에 공개공지 등을 확보하여야 하는 건축물의 경우 공개공지 등을 설치하는 경우에는 대지면적에 대한 공개공지 등 면적 비율에 따라 해당 지역에 적용하는 용적률의 1.2배 이하의 범위에서 완화하여 적용한다.

④ 자연녹지지역에 건축하는 연면적이 600m²인 노유자시설은 조경 등의 조치를 하지 아니할 수 있다.

⑤ 준주거지역의 건축물에 설치하는 공개공지 등의 면적은 건축면적의 100분의 10 이하의 범위에서 건축조례로 정한다.

71 건축법령상 공개공지 등을 설치하여야 하는 건축물로 옳은 것은?

① 일반주거지역에 건축하는 해당 용도로 쓰는 바닥면적의 합계가 6,000㎡인 한방병원
② 준주거지역에 건축하는 해당 용도로 쓰는 바닥면적의 합계가 5,000㎡인 관광호텔
③ 중심상업지역에 건축하는 해당 용도로 쓰는 바닥면적의 합계가 7,000㎡인 카지노영업소
④ 준공업지역에 건축하는 해당 용도로 쓰는 바닥면적의 합계가 8,000㎡인 도서관
⑤ 일반공업지역에 건축하는 해당 용도로 쓰는 바닥면적의 합계가 7,000㎡인 여객자동차터미널

72 건축법령상 대지와 도로 등에 관한 설명으로 옳은 것은?

① 시장·군수·구청장은 건축물의 위치나 환경을 정비하기 위하여 필요하다고 인정하면 관리지역에서 4m 이하의 범위에서 건축선을 따로 지정할 수 있다.
② 연면적의 합계가 2,000㎡인 작물재배사의 대지는 너비 6m 이상의 도로에 4m 이상 접하여야 한다.
③ 도로면으로부터 높이 4.5m 이하에 있는 출입구, 창문, 그 밖에 이와 유사한 구조물은 열고 닫을 때 건축선의 수직면을 넘는 구조로 할 수 있다.
④ 건축물과 담장의 지표 위 부분은 건축선의 수직면을 넘어서는 아니 된다.
⑤ 이해관계인이 해외에 거주하는 등 이해관계인의 동의를 받기가 곤란하다고 허가권자가 인정하는 경우에는 이해관계인의 동의 없이 건축위원회의 심의를 거쳐 도로를 변경할 수 있다.

73 건축법령상 1,000㎡의 대지에 건축한 건축물의 용적률은 얼마인가? (단, 제시된 조건 외에 다른 조건은 고려하지 않음)

• 하나의 건축물로서 지하 2개층, 지상 6개층으로 구성되어 있으며, 지붕은 평지붕임
• 건축면적은 500㎡이고 지하층 포함 각 층의 바닥면적은 450㎡로 동일함
• 지하 2층은 전부 주차장, 지하 1층은 일반음식점으로 사용됨
• 지상 6개 층은 전부 업무시설로 사용됨

① 240% ② 270%
③ 315% ④ 360%
⑤ 400%

1. 구조안전 확인서류 제출대상 건축물
    ① 층수가 2층(목구조 건축물은 3층) 이상
    ② 연면적 200m²(목구조 건축물은 500m²) 이상
    ③ 높이가 13m 이상
    ④ 처마높이가 9m 이상
    ⑤ 기둥 + 기둥 사이의 거리가 10m 이상
    ⑥ 단독주택 및 공동주택

2. 난간설치 : 높이 1.2m 이상

3. 옥상광장 : 5층 이상인 문화 및 집회시설(전시장 및 동물원·식물원은 제외), 종교시설, 판매시설, 주점 영업, 장례시설

4. 헬리포트 : 11층 이상 + 11층 이상인 층의 바닥면적의 합계가 1만m² 이상인 건축물

5. 피난안전구역 설치
    ① 초고층 건축물 : 최대 30개 층마다 1개소 이상 설치하여야 한다.
    ② 준초고층 건축물 : 전체 층수의 2분의 1에 해당하는 층으로부터 상하 5개 층 이내에 1개소 이상 설치하여야 한다.

6. 소음방지를 위한 층간 바닥 설치대상 : 다가구주택, 공동주택(주택법에 따른 주택건설사업계획 승인대상은 제외), 오피스텔, 다중생활시설

7. 범죄예방기준에 따라 건축하여야 하는 건축물 : 기숙사, 동·식물원, 연구소 및 도서관×

---

74 건축법령상 건축물의 가구·세대 등 간 소음방지를 위한 층간바닥(화장실의 바닥은 제외)을 설치하여야 하는 경우에 해당하지 <u>않는</u> 것은?

① 업무시설 중 오피스텔 ② 제2종 근린생활시설 중 다중생활시설
③ 단독주택 중 다가구주택 ④ 숙박시설 중 다중생활시설
⑤ 노유자시설 중 노인요양시설

75 건축법령상 고층건축물의 피난시설에 관한 내용으로 (   )에 들어갈 내용을 옳게 연결한 것은? (단, 주어진 조건 외에 다른 조건은 고려하지 않음)

> 층수가 45층이고 높이가 180m인 (㉠) 건축물에는 피난층 또는 지상으로 통하는 직통계단과 직접 연결되는 피난안전구역을 해당 건축물 전체 층수의 (㉡)에 해당하는 층으로부터 상하 (㉢)개 층 이내에 1개소 이상 설치하여야 한다.

① ㉠ : 준초고층, ㉡ : 2분의 1, ㉢ : 5   ② ㉠ : 초고층, ㉡ : 3분의 1, ㉢ : 5
③ ㉠ : 준초고층, ㉡ : 4분의 1, ㉢ : 4   ④ ㉠ : 초고층, ㉡ : 2분의 1, ㉢ : 4
⑤ ㉠ : 준초고층, ㉡ : 2분의 1, ㉢ : 6

핵심논점 30 지역 및 지구 안의 건축물

1. 건폐율 : 대지면적에 대한 건축면적의 비율(강화○, 완화○)

2. 용적률 : 대지면적에 대한 연면적의 비율(강화○, 완화○)

3. 대지의 분할 제한 : 주거(60m²), 상업·공업(150m²), 녹지(200m²), 관리·농림·자연환경 보전지역(60m²)

4. 가로구역에서의 높이 제한
   ① 같은 가로구역에서 허가권자가 지방건축위원회의 심의를 거쳐 건축물의 높이를 다르게 정할 수 있다.
   ② 특별시장과 광역시장은 특별시나 광역시의 조례로 정할 수 있다.

5. 전용주거지역과 일반주거지역 : 정북방향(건축물의 높이가 10m 이하인 부분은 1.5m 이상, 건축물의 높이가 10m를 초과하는 부분은 건축물 높이의 2분의 1 이상)

6. 공동주택 : 일반상업지역과 중심상업지역은 채광 등의 확보를 위한 건축물의 높이 제한을 적용하지 아니한다.

7. 2층 이하 + 8m 이하 일조 등의 확보를 위한 건축물의 높이 제한을 적용하지 아니할 수 있다.

76 건축법령상 다음의 예시에서 정한 건축물의 높이로 옳은 것은?

> • 건축물의 용도 : 판매시설
> • 건축면적 : 560m²
> • 층고가 4m인 5층 건축물
> • 옥상에 설치된 장식탑 : 높이가 15m이고, 수평투영면적이 60m²

① 20m   ② 23m   ③ 29m
④ 35m   ⑤ 42m

77 건축법령상 건축물의 높이 제한에 관한 설명으로 옳은 것은? (단, 건축법에 따른 적용 특례 및 조례는 고려하지 않음)

① 전용주거지역에서 높이가 10m 이하인 건축물을 건축하는 경우에는 일조 등의 확보를 위하여 정북방향의 인접대지 경계선으로부터 건축물 각 부분 높이의 2분의 1 이상 띄어 건축하여야 한다.

② 시장·군수·구청장은 도시의 관리를 위하여 필요하면 가로구역별 건축물의 높이를 시·군·구 조례로 정할 수 있다.

③ 제3종 일반주거지역 안에서 건축하는 건축물에 대하여는 일조 등의 확보를 위한 높이 제한이 적용된다.

④ 일반상업지역에 건축하는 공동주택으로서 하나의 대지에 두 동(棟) 이상을 건축하는 경우에는 채광의 확보를 위한 높이 제한에 관한 규정이 적용된다.

⑤ 3층 이하로서 높이가 12m 이하인 건축물에는 해당 지방자치단체의 조례로 정하는 바에 따라 일조 등의 확보를 위한 높이 제한에 관한 규정을 적용하지 아니할 수 있다.

핵심논점 31 면적산정 방법

1. 건축면적(외벽 + 중심선)
   ① 지하 주차장의 경사로: 건축면적에 산입×
   ② 건축물의 지상층에 일반인이나 차량이 통행할 수 있는 보행통로나 차량 통로: 건축면적에 산입×
   ③ 생활폐기물 보관시설: 건축면적에 산입×

2. 바닥면적(구획 + 중심선)
   ① 벽·기둥의 구획이 없는 건축물 지붕 끝부분으로부터 1m를 후퇴한 선으로 둘러싸인 수평투영면적
   ② 건축물의 노대: 노대의 면적 − (가장 긴 외벽 ×1.5m)
   ③ 1층 필로티: 주차에 전용하는 경우와 공중의 통행, 차량의 통행, 공동주택의 경우에는 바닥면적에 산입×
   ④ 승강기탑, 계단탑, 장식탑: 바닥면적에 산입×
   ⑤ 층고가 1.5m(경사진 지붕 형태의 경우에는 1.8m) 이하인 다락은 바닥면적에 산입×
   ⑥ 공동주택으로서 지상층에 설치한 기계실, 전기실, 어린이놀이터, 조경시설, 생활폐기물 보관시설은 바닥면적에 산입×

3. 용적률 산정시 연면적에서 제외되는 것: 지하층, 지상층의 주차용 면적(부속용도인 경우에 한함), 피난안전구역의 면적, 대피공간의 면적

4. 지하층은 층수에 산입하지 않는다.

5. 층의 구분이 명확하지 아니한 건축물: 4m마다 하나의 층으로 산정한다.

6. 건축물의 부분에 따라 층수가 다른 경우: 가장 많은 층수를 건축물의 층수로 본다.

78 건축법령상 건축물의 면적 등의 산정방법으로 옳은 것은?

① 건축물 지상층에 일반인이나 차량이 통행할 수 있도록 설치된 보행통로나 차량통로는 건축면적에 산입하지 아니한다.

② 경사진 형태의 지붕인 경우에는 층고가 2m인 다락의 경우에는 바닥면적에 산입하지 아니한다.

③ 건축물의 1층이 공중의 통행이나 차량의 통행 또는 주차에 전용되는 필로티인 경우에는 그 면적은 바닥면적에 산입한다.

④ 경사지붕 아래에 설치하는 대피공간의 면적은 용적률을 산정할 때 연면적에 포함한다.

⑤ 공동주택으로서 지상층에 설치한 기계실, 전기실, 어린이 놀이터, 조경시설은 바닥면적에 산입한다.

핵심논점 31-1 특별건축구역

1. **지정권자**: 국장, 시·도지사

2. **지정대상**: 개발제한구역, 자연공원, 접도구역, 보전산지는 지정할 수 없다.

3. **지정의 효과**: 용도지역·용도지구·용도구역은 의제(×)

4. **적용의 배제**: 건폐율, 용적률, 건축물의 높이 제한, 대지의 조경, 대지 안의 공지에 관한 규정을 적용하지 아니할 수 있다.

5. **통합 적용**: 건축물의 미술작품의 설치, 부설주차장 설치, 공원의 설치에 관한 규정을 통합하여 적용할 수 있다.

79 건축법령상 특별건축구역에 관한 설명으로 옳은 것은?

① 시·도지사는 「택지개발촉진법」에 따른 택지개발사업구역을 특별건축구역으로 지정할 수 없다.

② 「자연공원법」에 따른 자연공원은 특별건축구역으로 지정될 수 있다.

③ 특별건축구역에서의 건축기준의 특례사항은 한국토지주택공사가 건축하는 건축물에 적용되지 않는다.

④ 특별건축구역에서 「도시공원 및 녹지 등에 관한 법률」에 따른 공원의 설치에 관한 규정은 개별 건축물마다 적용하지 아니하고 특별건축구역의 전부 또는 일부를 대상으로 통합하여 적용할 수 있다.

⑤ 특별건축구역을 지정한 경우에는 「국토의 계획 및 이용에 관한 법률」에 따른 용도지역·지구·구역의 지정이 있는 것으로 본다.

핵심논점 31-2 건축협정구역

1. 건축협정 체결 : 소유자, 지상권자 등 전원의 합의

2. 건축협정 체결대상 토지가 둘 이상에 걸치는 경우 : 토지면적의 과반이 속하는 인가권자에게 인가를 신청할 수 있다.

3. 건축협정 폐지 : 과반수 동의 + 인가

4. 통합적용대상 : ㉠ 대지의 조경, ㉡ 대지와 도로의 관계, ㉢ 지하층의 설치, ㉣ 건폐율, ㉤ 부설주차장의 설치, ㉥ 개인하수처리시설의 설치

5. 완화적용대상 : ㉠ 대지의 조경, ㉡ 건폐율, ㉢ 용적률, ㉣ 대지 안의 공지, ㉤ 건축물의 높이제한, ㉥ 일조 등의 확보를 위한 건축물의 높이제한

6. 의제 : 건축협정 인가를 받은 경우에는 「경관법」에 따른 경관협정의 인가를 받은 것으로 본다.

7. 건축협정유지기간 : 건축협정에 따른 특례를 적용하여 착공신고를 한 경우에는 착공신고를 한 날부터 20년이 지난 후에 건축협정의 폐지인가를 신청할 수 있다.

80 건축법령상 건축협정에 관한 설명으로 틀린 것은?

① 건축물의 소유자 등은 전원의 합의로 건축물의 건축 · 대수선 또는 리모델링에 관한 건축협정을 체결할 수 있다.

② 건축협정은 건축물의 지붕 및 외벽의 형태에 관한 사항을 포함하여야 한다.

③ 건축협정 체결 대상 토지가 둘 이상의 특별자치시 또는 시 · 군 · 구에 걸치는 경우 건축협정 체결 대상 토지면적의 과반(過半)이 속하는 건축협정인가권자에게 인가를 신청할 수 있다.

④ 건축협정을 폐지하려면 협정체결자 과반수의 동의를 받아 건축협정인가권자에게 인가를 받아야 한다.

⑤ 건축협정의 인가를 받은 건축협정구역에서 연접한 대지에 대하여는 지하층의 설치에 관한 규정을 개별 건축물마다 적용하여야 한다.

주택법

1. 국민주택
   ① 국가, 지방자치단체, 한국토지주택공사 또는 지방공사가 건설하는 주택 + $85m^2$ 이하(수도권을 제외한 도시지역이 아닌 읍 또는 면은 $100m^2$ 이하)인 주택
   ② 국가, 지방자치단체의 재정 또는 주택도시기금으로부터 자금을 지원받아 건설되는 주택 + $85m^2$ 이하(수도권을 제외한 도시지역이 아닌 읍 또는 면은 $100m^2$ 이하)인 주택

2. 준주택 : 오피스텔, 노인복지주택, 기숙사, 다중생활시설

3. 도시형 생활주택 : 300세대 미만 + 국민주택규모 + 도시지역에 건설하는 주택

4. 소형주택
   ① 주거전용면적은 $60m^2$ 이하일 것
   ② 세대별로 욕실 및 부엌을 설치할 것
   ③ 지하층에는 세대를 설치하지 아니할 것
     ▷ 준주거지역 또는 상업지역에서는 소형주택과 도시형 생활주택이 아닌 주택을 함께 건축할 수 있다.
     ▷ 하나의 건축물에는 단지형 연립주택 또는 단지형 다세대 주택과 소형주택을 함께 건축할 수 없다.

4. 사업계획승인을 받아 건설하는 세대구분형 공동주택 : 구분 소유 ×, 전체 세대수의 3분의 1을 초과 ×.

5. 별개의 주택단지 : 너비 20m 이상의 일반도로로 분리된 단지, 너비 8m 이상의 도시계획예정도로로 분리된 단지

6. 부대시설 : 주차장, 관리사무소, 담장, 건축설비, 경비실

7. 복리시설 : 어린이놀이터, 근린생활시설, 유치원, 경로당, 주민운동시설, 주민공동시설

8. 간선시설 : 도로·상하수도·전기시설·가스시설·통신시설 및 지역난방시설 등 주택단지 안의 기간시설을 그 주택단지 밖에 있는 같은 종류의 기간시설에 연결시키는 시설

9. 리모델링 : 대수선 또는 증축[15년 경과 + 전용면적 30% 이내 + 세대수 15% 이내 + 수직 증축(기존 층수가 14층 이하인 경우에는 2개층 이하, 15층 이상인 경우에는 3개층 이하까지 증축 가능)]

10. 공구 : 착공신고 및 사용검사를 별도로 수행할 수 있는 구역. 공구별 세대수는 300세대 이상 + 공구 간 경계는 6m 이상일 것(전체 세대수는 600세대 이상)

81 주택법령상 용어에 관한 설명으로 옳은 것은?

① 단독주택에는 「건축법 시행령」에 따른 단독주택, 다중주택, 공관이 포함된다.

② 지방공사가 수도권에 건설한 주거전용면적이 1세대당 70㎡인 연립주택은 국민주택에 해당한다.

③ 「혁신도시 조성 및 발전에 관한 특별법」에 따른 혁신도시개발사업에 의하여 개발·조성되는 단독주택이 건설되는 용지는 공공택지에 해당한다.

④ 간선시설이란 도로·상하수도·전기시설·가스시설·통신시설·지역난방시설 등을 말한다.

⑤ 주택단지에 해당하는 토지가 폭 15m인 일반도로로 분리된 경우, 분리된 토지는 각각 별개의 주택단지로 본다.

⑥ 공구란 하나의 주택단지에서 둘 이상으로 구분되는 일단의 구역으로서 전체 세대수는 300세대 이상으로 해야 한다.

82 주택법령상 도시형 생활주택에 관한 설명으로 옳은 것을 모두 고른 것은?

> ㉠ 하나의 건축물에는 단지형 연립주택 또는 단지형 다세대주택과 소형 주택을 함께 건축할 수 있다.
> ㉡ 사업등록이 필요한 경우로서 연간 20세대 이상의 도시형 생활주택을 건설하려는 자는 국토교통부장관에게 등록하여야 한다.
> ㉢ 「수도권정비계획법」에 따른 수도권의 경우 도시형 생활주택 중 소형 주택은 세대별 주거전용면적이 60m² 이하이어야 한다.
> ㉣ 「국토의 계획 및 이용에 관한 법률」에 따른 상업지역에서는 하나의 건축물에 소형 주택과 도시형 생활주택이 아닌 주택을 함께 건축할 수 있다.

① ㉠   ② ㉠, ㉡

③ ㉡, ㉢   ④ ㉢, ㉣

⑤ ㉠, ㉡, ㉢, ㉣

83 주택법령상 용어에 관한 설명으로 옳은 것을 모두 고른 것은?

> ㉠ 폭 12m인 도시계획예정도로로 분리된 토지는 각각 별개의 주택단지이다.
> ㉡ 「건축법 시행령」에 따른 다중생활시설은 준주택에 해당한다.
> ㉢ 300세대인 국민주택규모의 단지형 연립주택은 도시형 생활주택에 해당한다.
> ㉣ 기존 층수가 16층인 건축물에 수직증축형 리모델링이 허용되는 경우에는 2개층까지 증축할 수 있다.

① ㉠   ② ㉠, ㉡
③ ㉡, ㉢   ④ ㉠, ㉡, ㉢
⑤ ㉠, ㉡, ㉢, ㉣

출제예상 +

주택법령상 등록사업자의 주택건설공사 시공기준에 관한 규정의 일부이다. ( )에 들어갈 숫자를 바르게 나열한 것은?

> 제17조(등록사업자의 주택건설공사 시공기준) ① 법 제7조에 따라 주택건설공사를 시공하려는 등록사업자는 다음 각 호의 요건을 모두 갖추어야 한다.
> 1. 자본금이 (㉠)억원(개인인 경우에는 자산평가액이 10억원) 이상일 것
> 2. 건설기준 진흥법 시행령 별표 1에 따른 건축 분야 및 토목 분야 기술인 (㉡)명 이상을 보유하고 있을 것 〈이하 생략〉
> 3. 최근 5년간의 주택건설 실적이 (㉢)호 또는 (㉢)세대 이상일 것

① ㉠: 3,   ㉡: 5,   ㉢: 100   ② ㉠: 5,   ㉡: 3,   ㉢: 100
③ ㉠: 5,   ㉡: 3,   ㉢: 200   ④ ㉠: 6,   ㉡: 5,   ㉢: 300
⑤ ㉠: 7,   ㉡: 1,   ㉢: 500

> 정답 ②

핵심논점 33 주택조합

1. 조합원 모집: 조합원의 사망 등으로 충원하는 경우와 미달된 조합원을 재모집하는 경우에는 신고하지 아니하고 선착순의 방법으로 조합원을 모집할 수 있다.

2. 지역주택조합과 직장주택조합 조합설립인가신청시: 80% 이상의 토지사용권원 + 15% 이상의 소유권 확보하여 시장·군수·구청장에게 제출하여 인가를 받아야 한다.

3. 리모델링주택조합 조합설립인가신청시 결의서: 주택단지 전체를 리모델링하는 경우에는 전체 3분의 2 이상의 결의 + 동별 과반수 결의, 동을 리모델링하는 경우 3분의 2 이상의 결의와 대수선(10년), 증축(15년)이 경과하였음을 증명하는 서류를 제출할 것

4. 국민주택 + 직장주택조합(시장·군수·구청장에게 신고): 조합원은 무주택자에 한한다.

5. 주택의 우선공급: 지역주택조합과 직장주택조합

6. 지역주택조합과 직장주택주합: 주택건설예정세대수(임대주택은 제외)의 50% 이상이 조합원 + 20명 이상이어야 한다.

7. 의결요건: 100분의 20 이상이 직접 출석 ○
   ① 자금의 차입과 그 방법. 이자율 및 상환방법
   ② 예산으로 정한 사항 외에 조합원에게 부담이 될 계약의 체결
   ③ 업무대행자의 선정·변경
   ④ 시공자의 선정·변경 및 공사계약의 체결
   ⑤ 조합임원의 선임 및 해임
   ⑥ 사업비의 조합원별 분담명세 확정 및 변경
   ⑦ 조합해산의 결의 및 해산시의 회계 보고

8. 충원 가능 사유
   ① 조합원의 사망
   ② 무자격자로 판명된 경우
   ③ 조합원의 탈퇴 등으로 50% 미만이 된 경우

9. 추가모집에 따른 자격요건 판단시점: 조합설립인가신청일

10. 추가모집에 따른 변경인가신청: 사업계획승인신청일

11. 지역주택조합과 직장주택조합: 조합설립인가를 받은 후 2년 이내에 사업계획승인을 신청하여야 한다.

12. 가입철회 등
    ① 가입을 신청한 자는 30일 이내에 청약을 철회할 수 있다.
    ② 모집주체는 7일 이내에 가입비 반환을 요청하여야 한다.
    ③ 예치기관의 장은 10일 이내에 반환하여야 한다.

+ 추가정리   **등록사업자**

1. 등록대상: ① 연간 단독주택을 20호 이상 건설하려는 자, ② 연간 도시형 생활주택을 30세대 이상 건설하려는 자, ③ 연간 대지를 1만㎡ 이상 조성하려는 자
2. 공동사업주체: 주택조합(세대수를 증가하지 아니하는 리모델링주택조합은 제외) 그 구성원의 주택을 건설하는 경우에는 등록사업자(지방자치단체·한국토지주택공사 및 지방공사)와 공동으로 사업을 시행할 수 있다.
3. 등록사업자의 결격사유: 등록이 말소된 후 2년이 지나지 아니한 자
4. 비등록사업자: 국가, 지방자치단체, 한국토지주택공사, 지방공사, 주택조합 + 등록사업자, 고용자 + 등록사업자는 국장에게 등록하지 않아도 된다.
5. 필수적 말소사유: ① 부정한 방법으로 등록한 경우, ② 등록증을 대여한 경우

84 주택법령상 주택조합에 관한 설명으로 옳은 것은?

① 국민주택을 공급받기 위하여 직장주택조합을 설립하려는 자는 관할 시장·군수·구청장의 인가를 받아야 한다.

② 업무대행자의 선정·변경 및 업무대행계약의 체결에 관한 사항을 의결하는 총회의 경우에는 조합원 100분의 10 이상이 직접 출석하여야 한다.

③ 주거전용면적이 85㎡ 이하인 주택 1채를 소유하고 있는 세대주인 자는 국민주택을 공급받기 위하여 설립하는 직장주택조합의 조합원이 될 수 있다.

④ 조합설립인가를 받은 후 추가모집되는 자와 충원되는 자의 조합원 자격요건을 갖추었는지를 판단할 때에는 해당 조합설립인가일을 기준으로 판단한다.

⑤ 지역주택조합의 경우 조합원 추가모집 승인과 조합원 추가모집에 따른 주택조합의 변경인가 신청은 사업계획승인신청일까지 하여야 한다.

85 주택법령상 주택조합에 관한 설명으로 틀린 것은?

① 지역주택조합은 설립인가를 받은 날부터 2년 이내에 사업계획승인을 신청하여야 한다.

② 지역주택조합의 설립인가를 받으려는 자는 해당 주택건설대지의 80% 이상에 해당하는 토지의 사용권원을 확보하고, 해당 주택건설대지의 15% 이상에 해당하는 토지의 소유권을 확보하여야 한다.

③ 국토교통부장관은 주택조합의 원활한 사업추진 및 조합원의 권리 보호를 위하여 공정거래위원회 위원장과 협의를 거쳐 표준업무대행계약서를 작성·보급할 수 있다.

④ 지역주택조합은 임대주택으로 건설·공급하여야 하는 세대수를 포함한 주택건설예정세대수의 50% 이상의 조합원으로 구성하되, 조합원은 20명 이상이어야 한다.

⑤ 조합원 공개모집 이후에 조합원의 사망으로 결원을 충원하는 경우에는 시장·군수·구청장에게 신고하지 아니하고 선착순의 방법으로 조합원을 모집할 수 있다.

86 주택법령상 주택조합의 가입철회 및 가입비 등의 반환에 관한 설명으로 옳은 것은?

① 주택조합의 가입을 신청한 자는 가입비 등을 예치한 날부터 15일 이내에 주택조합 가입에 관한 청약을 철회할 수 있다.

② 모집주체는 주택조합의 가입을 신청한 자가 청약철회를 한 경우 청약 철회 의사가 도달한 날부터 5일 이내에 예치기관의 장에게 가입비 등의 반환을 요청하여야 한다.

③ 청약 철회를 서면으로 하는 경우에는 청약 철회의 의사표시가 서면으로 도달한 날에 그 효력이 발생한다.

④ 예치기관의 장은 가입비 등의 반환 요청을 받은 경우에는 요청일부터 10일 이내에 그 가입비 등을 예치한 자에게 반환하여야 한다.

⑤ 모집주체는 주택조합의 가입을 신청한 자에게 청약 철회를 이유로 위약금 또는 손해배상을 청구할 수 있다.

핵심논점 34 주택상환사채

1. 발행권자 : 한국토지주택공사와 등록사업자. 이 경우 등록사업자는 지급보증 ○

2. 등록사업자 : 자본금 5억원 이상 + 최근 3년간 주택건설실적이 300호 이상

3. 발행계획 : 국장의 승인

4. 발행방법 : 기명증권(양도금지). 액면 또는 할인가능

5. 명의변경 : 원부에 기재변경신청. 채권에 기록하지 아니하면 발행자 및 제3자에게 대항할 수 없다.

6. 상환기간 : 3년(발행일부터 공급계약체결일까지의 기간)을 초과할 수 없다.

7. 등록사업자의 등록말소 : 효력에는 영향을 미치지 않는다.

8. 양도가능 사유 : 세대원의 근무 · 취학 · 결혼으로 인하여 세대원 전원이 이전하는 경우 + 세대원 전원이 2년 이상 해외에 체류하고자 하는 경우 + 세대원 전원이 상속으로 이전

87 **주택법령상 주택상환사채에 관한 설명으로 옳은 것은?**

① 지방공사가 주택상환사채를 발행하려면 금융기관 또는 주택도시보증공사의 보증을 받지 않아도 된다.

② 주택상환사채의 상환기간은 주택상환사채발행일부터 주택의 공급계약체결일까지의 기간으로 한다.

③ 주택상환사채를 발행하려는 자는 주택상환사채발행계획을 수립하여 행정안전부장관의 승인을 받아야 한다.

④ 등록사업자의 등록이 말소된 경우에는 등록사업자가 발행한 주택상환사채의 효력은 상실된다.

⑤ 주택상환사채의 납입금은 주택건설자재를 구입하는 용도로는 사용할 수 없다.

핵심논점 35 사업계획승인

1. **사업계획승인 대상: 한옥 50호 이상, 대지 1만m² 이상**

2. **한국토지주택공사가 사업주체인 경우와 국장이 지정·고시한 지역: 국장의 사업계획승인을 받아야 한다.**

3. **사업계획 승인여부 통보: 60일 이내**

4. **사업계획의 경미한 변경:** 사업주체가 국가, 지자체, 한국토지주택공사, 지방공사인 경우로 총사업비의 20%의 범위에서의 증감, 대지면적의 20% 범위에서의 면적 증감, 위치가 변경되지 아니하는 범위에서의 배치 조정 또는 도로의 선형변경은 변경승인을 받지 않아도 된다.

5. **표본설계도서:** 한국토지주택공사, 지방공사 또는 등록사업자는 동일한 규모의 주택을 대량으로 건설하려는 경우에는 국토교통부장관에게 주택의 형별(型別)로 표본설계도서를 작성·제출하여 승인을 받을 수 있다.

6. **착수기간:** 착공 사업계획승인을 받은 날부터 5년(1년의 범위에서 연장 가능) 이내에 공사를 시작하여야 한다(2공구: 2년 이내에 공사를 시작하여야 한다).

7. **착공신고:** 20일 이내에 수리 여부를 통지하여야 한다.

8. **취소사유:** 사업계획승인권자는 다음에 해당하면 사업계획승인을 취소할 수 있다.
   ① 5년 이내에 착수×(2공구는 취소할 수 없다)
   ② 사업주체가 대지의 소유권을 상실한 경우(분양보증×)
   ③ 공사 완료가 불가능한 경우(분양보증×)

---

88 주택법령상 사업계획승인에 관한 설명으로 틀린 것은?

① 한국토지주택공사인 사업주체가 A광역시 B구에서 대지면적 15만m²에 80호의 한옥 건설사업을 시행하려는 경우에는 국토교통부장관으로부터 사업계획승인을 받아야 한다.

② 주택건설사업을 시행하려는 자는 전체 세대수가 600세대 이상인 주택단지는 공구별로 분할하여 주택을 건설·공급할 수 있다.

③ 사업주체는 최초로 공사를 진행하는 공구 외의 공구에서는 해당 주택단지에 대한 사업계획승인을 받은 날부터 5년 이내에 공사를 시작하여야 한다.

④ 사업계획승인권자는 사업계획승인의 신청을 받았을 때에는 정당한 사유가 없으면 신청받은 날부터 60일 이내에 사업주체에게 승인 여부를 통보하여야 한다.

⑤ 사업주체가 공공택지의 개발·조성을 위한 계획에 포함된 기반시설의 설치 지연으로 공사 착수가 지연되어 연장신청을 한 경우, 사업계획승인권자는 그 분쟁이 종료된 날부터 1년의 범위에서 공사 착수기간을 연장할 수 있다.

89 주택법령상 사업계획승인에 관한 설명으로 틀린 것은?

① 「주택도시기금법」에 따라 주택분양보증을 받은 사업주체가 부도·파산 등으로 공사의 완료가 불가능한 경우 사업계획승인권자는 사업계획승인을 취소할 수 있다.

② 사업계획승인권자는 공사의 착공신고를 받은 날부터 20일 이내에 신고수리 여부를 신고인에게 통지하여야 한다.

③ 사업계획승인권자가 사업계획을 승인할 때 「광업법」에 따른 채굴계획의 인가에 관하여 협의한 사항에 대하여는 해당 인가를 받은 것으로 본다.

④ 주택조합이 사업주체인 경우 건축물의 설계와 용도별 위치를 변경하지 아니하는 범위에서의 도로선형의 변경은 사업계획변경승인을 받아야 한다.

⑤ 지방공사가 동일한 규모의 주택을 대량으로 건설하는 경우에는 국토교통부장관에게 주택의 형별로 표본설계도서를 작성·제출하여 승인을 받을 수 있다.

핵심논점 35-1 사업주체의 매도청구

1. 매도청구대상: 대지(건축물을 포함)

2. 매도청구가격: 시가

3. 협의기간: 3개월 이상

4. 95% 이상 사용권원 확보: 모든 소유자

5. 95% 미만 사용권원 확보: 10년 이전에 소유권을 확보하여 계속 보유한 자에게는 매도청구할 수 없다.

6. 리모델링주택조합: 리모델링 결의에 찬성하지 아니한 자에게 매도청구할 수 있다.

핵심논점 35-2 주택소유자의 매도청구

1. 매도청구대상: 주택소유자가 실소유자에게 매도청구

2. 매도청구가격: 시가

3. 대표자 선정: 4분의 3 이상의 동의

4. 매도청구요건: 전체 대지면적의 5% 미만

5. 송달기간: 2년 이내

90 주택법령상 사업계획승인을 받은 사업주체에게 인정되는 매도청구권에 관한 설명으로 옳은 것은?

① 사업주체는 매도청구의 대상이 되는 대지의 소유자에게 그 대지를 공시지가로 매도할 것을 청구할 수 있다.

② 사업주체가 주택건설대지면적 중 85%에 대하여 사용권원을 확보한 경우, 사용권원을 확보하지 못한 대지의 모든 소유자에게 매도를 청구할 수 있다.

③ 주택건설사업계획승인을 받은 사업주체는 매도청구대상이 되는 대지의 소유자와 6개월 이상 협의를 하여야 한다.

④ 사업주체가 주택건설대지면적 중 90%에 대하여 사용권원을 확보한 경우, 사용권원을 확보하지 못한 대지의 소유자 중 지구단위계획구역 결정·고시일 10년 이전에 해당 대지의 소유권을 취득하여 계속 보유한 자에 대하여 매도청구를 할 수 없다.

⑤ 주택건설대지 중 사용권원을 확보하지 못한 건축물이 있는 경우 그 건축물은 매도청구의 대상이 되지 않는다.

핵심논점 36 분양가상한제

1. 입주자모집공고: 시장·군수·구청장의 승인(공공주택사업자 ×),
   복리시설: 신고(공공주택사업자 ×)

2. 마감자재 목록표: 2년 이상 보관

3. 분양가상한제 적용대상에서 제외하는 주택: 도시형 생활주택, 관광특구에서 50층 이상 또는
   높이가 150m 이상인 공동주택, 주거환경개선사업 및 공공재개발사업, 혁신지구재생사업,
   도심공공주택복합사업

4. 분양가격: 택지비 + 건축비(토지임대부 분양주택은 건축비만 해당)

5. 분양가격 공시의무: 공공택지(사업주체), 공공택지 외의 택지(시장·군수·구청장), 공시내
   용 간접비도 포함된다.

6. 분양가상한제 적용지역: 국장 지정
   ① 12개월간의 분양가상승률이 물가상승률의 2배 초과
   ② 3개월간 주택매매거래량이 20% 이상 증가
   ③ 2개월간 청약경쟁률이 모두 5:1 초과 또는 국민주택규모 주택의 청약경쟁률이 모두
      10:1 초과

7. 분양가심사위원회: 시장·군수·구청장이 20일 이내에 설치·운영하여야 한다.

91 주택법령상 주택의 공급 및 분양가상한제에 관한 설명으로 옳은 것은?

① 「공공주택특별법」에 따른 도심 공공주택 복합사업에서 건설·공급하는 주택은 분양가상
   한제를 적용하지 아니한다.

② 시장·군수·구청장은 마감자재 목록표와 영상물 등을 사용검사가 있은 날부터 5년 이
   상 보관하여야 하며, 입주자가 열람을 요구하는 경우에는 이를 공개하여야 한다.

③ 「도시재생 활성화 및 지원에 관한 특별법」에 따른 주거재생혁신지구에서 시행하는 혁신
   지구재생사업에서 건설·공급하는 주택은 분양가상한제의 적용을 받는다.

④ 국토교통부장관은 투기과열지구로 지정된 지역 중 분양가상한제적용직전월부터 소급하
   여 3개월간의 주택매매거래량이 전년 동기 대비 10% 증가한 지역을 분양가상한제 적용
   지역으로 지정할 수 있다.

⑤ 사업주체는 공공택지 외의 택지에서 공급되는 분양가 상한제 적용주택에 대하여 입주자
   모집 승인을 받았을 때에는 입주자모집공고에 분양가격을 공시하여야 한다.

핵심논점 37 투기과열지구

1. **지정권자**: 국장(시·도지사의 의견청취), 시·도지사(국장과 협의)

2. **지정대상지역**
   ① 2개월간 청약경쟁률이 모두 5:1 초과 또는 국민주택규모 주택의 청약경쟁률이 모두 10:1 초과한 지역
   ② 주택의 분양실적이 지난 달보다 30% 이상 감소한 지역
   ③ 시·도의 주택보급률 또는 자가주택비율이 전국 평균 이하인 곳

3. **재검토**: 국장 + 반기

4. **전매제한대상**: 상속은 제외

5. **전매제한기간**: 입주자로 선정된 날부터 수도권은 3년, 수도권 외의 지역은 1년

핵심논점 37-1 조정대상지역

1. **지정권자**: 국장

2. **과열지역**(3개월간 주택가격상승률이 물가상승률의 1.3배를 초과)
   ① 2개월간 청약경쟁률이 모두 5:1 초과 또는 국민주택규모 주택의 청약경쟁률이 모두 10:1 초과한 지역
   ② 3개월간 분양권 전매거래량이 30% 이상 증가한 지역
   ③ 시·도의 주택보급률 또는 자가주택비율이 전국 평균 이하인 지역

핵심논점 37-2 전매가능 사유(한국토지주택공사의 동의○)

1. 세대원이 근무, 생업상의 사정이나 질병치료·취학·결혼으로 인하여 세대원 전원이 다른 시 또는 군으로 이전하는 경우. 다만, 수도권 안에서 이전하는 경우는 제외한다.

2. 상속 + 세대원 전원이 이전하는 경우

3. 세대원 전원이 해외로 이주하거나 2년 이상의 기간 해외에 체류하고자 하는 경우

4. 이혼 + 배우자에게 이전하는 경우

5. 주택 또는 지위의 일부를 그 배우자에게 증여하는 경우

6. 채무불이행으로 경매 또는 공매가 진행되는 경우

7. 실직·파산·신용불량으로 경제적 어려움이 발생한 경우
   ⇨ 전매제한 주택을 전매하는 경우 한국토지주택공사가 우선 매입할 수 있다.
   ⇨ 분양가상한제 적용주택, 공공택지 외의 택지에서 건설·공급하는 주택 및 토지임대부 분양주택 공급하는 경우에는 그 주택의 소유권을 제3자에게 이전할 수 없음을 소유권에 관한 등기에 부기등기하여야 한다.

92 **주택법령상 투기과열지구 및 전매제한에 관한 설명으로 옳은 것은?**

① 시·도지사는 투기과열지구지정직전월의 주택분양실적이 전달보다 30% 이상 증가한 지역을 투기과열지구로 지정할 수 있다.

② 국토교통부장관이 투기과열지구를 지정하거나 해제할 경우에는 시장·군수·구청장의 의견을 들어야 한다.

③ 사업주체가 공공택지 외의 택지에서 건설·공급하는 주택을 공급하는 경우에는 그 주택의 소유권을 제3자에게 이전할 수 없음을 소유권에 관한 등기에 부기등기하여야 한다.

④ 등록사업자인 사업주체가 투기과열지구에서 건설·공급하는 주택을 세대원 일부가 3년간 해외에 체류하게 되어 한국토지주택공사의 동의를 받아 전매하는 경우 전매제한이 적용되지 않는다.

⑤ 국토교통부장관은 1년마다 주거정책심의위원회의 회의를 소집하여 투기과열지구로 지정된 지역별로 해당 지역의 주택가격 안정 여건의 변화 등을 고려하여 투기과열지구 지정의 유지 여부를 재검토하여야 한다.

93 **주택법령상 조정대상지역 중 과열지역에 관한 조문의 일부이다. (   )에 들어갈 내용으로 옳은 것은?**

> 조정대상지역지정직전월부터 소급하여 3개월간의 해당 지역 주택가격상승률이 해당 지역이 포함된 시·도 소비자물가상승률의 (㉠)배를 초과한 지역으로서 다음 각 목의 어느 하나에 해당하는 지역을 말한다.
> 1. 조정대상지역지정직전월부터 소급하여 주택공급이 있었던 2개월 동안 해당 지역에서 공급되는 주택의 월평균 청약경쟁률이 모두 (㉡)을 초과하였거나 국민주택규모 주택의 월평균 청약경쟁률이 모두 10대 1을 초과한 지역
> 2. 조정대상지역지정직전월부터 소급하여 3월간의 분양권(주택의 입주자로 선정된 지위를 말한다) 전매거래량이 직전 연도의 같은 기간보다 (㉢)퍼센트 이상 증가한 지역
> 3. 해당 지역이 속하는 시·도의 주택보급률 또는 자가주택비율이 전국 평균 (㉣)인 지역

① ㉠: 1.5,   ㉡: 3대 1,   ㉢: 50,   ㉣: 초과

② ㉠: 1.3,   ㉡: 2대 1,   ㉢: 20,   ㉣: 이하

③ ㉠: 1.5,   ㉡: 5대 1,   ㉢: 30,   ㉣: 초과

④ ㉠: 1.3,   ㉡: 5대 1,   ㉢: 30,   ㉣: 이하

⑤ ㉠: 1.3,   ㉡: 5대 1,   ㉢: 20,   ㉣: 이하

94 **주택법령상 주택의 전매행위 제한 등에 관한 설명으로 옳은 것은?**

① 제한되는 전매에는 매매 · 증여 · 상속이나 그 밖의 권리의 변동을 수반하는 모든 행위를 말한다.

② 이혼으로 인하여 입주자로 선정된 지위 또는 주택을 그 배우자에게 이전하는 경우에는 한국토지주택공사의 동의 없이도 전매할 수 있다.

③ 세대주의 근무 또는 생업상 사정으로 인하여 세대원 전원이 수도권 안에서 이전하는 경우에는 한국토지주택공사의 동의를 받아 전매할 수 있다.

④ 상속에 따라 주택을 취득하여 세대원 일부가 그 주택으로 이전하는 경우에는 한국토지주택공사의 동의를 받아 전매할 수 있다.

⑤ 분양가상한제 적용주택을 공급받은 자가 전매하는 경우에는 한국토지주택공사가 그 주택을 우선 매입할 수 있다.

핵심논점 38 공급질서교란금지

> 1. 공급질서 교란금지 대상행위: 매매·증여·알선·광고는 금지(상속·저당은 허용).
>
> 2. 해당 지위(증서): 조합원의 지위, 주택상환사채(토지상환채권, 도시개발채권 ×), 입주자저축증서, 시장·군수·구청장이 발행한 건축물철거확인서, 이주대책대상자 확인서

95 주택법령상 주택의 공급과 관련하여 금지되는 공급질서 교란행위에 해당하지 <u>않는</u> 것은?

① 한국토지주택공사가 발행한 주택상환사채의 증여

② 주택을 공급받을 수 있는 조합원 지위의 매매

③ 입주자저축증서의 저당

④ 시장·군수·구청장이 발행한 무허가건물확인서를 매매할 목적으로 하는 광고

⑤ 공공사업의 시행으로 인한 이주대책에 따라 주택을 공급받을 수 있는 지위의 매매

핵심논점 38-1 주택의 리모델링

1. 리모델링주택조합 : 시장 · 군수 · 구청장 ⇨ 허가
   ① 주택단지 전체를 리모델링하는 경우 : 전체 75% 이상 + 동별 50% 이상의 동의를 받아야 한다.
   ② 동을 리모델링하는 경우 : 75% 이상의 동의를 받아야 한다.

2. 입주자 · 사용자 · 관리주체 : 입주자 전체의 동의를 받아야 한다.

3. 리모델링 기본계획
   ① 수립권자 : 특별시장 · 광역시장 및 대도시 시장. 다만, 대도시 시장은 기본계획을 수립하거나 변경하려면 도지사의 승인을 받아야 한다.
   ② 작성기준 : 국토교통부장관이 정한다.
   ③ 수립단위 및 타당성 검토 : 10년 단위로 수립하여야 하며, 5년마다 타당성 여부를 검토하여야 한다.
   ④ 수립절차 : 공람(14일 이상) + 지방의회 의견청취(30일 이내 의견제시) + 협의 + 심의
   ⑤ 리모델링지원센터 : 시장 · 군수 · 구청장은 리모델링의 원활한 추진을 지원하기 위하여 리모델링지원센터를 설치하여 운영할 수 있다.

96 주택법령상 리모델링에 관한 설명으로 틀린 것은?
   ① 입주자 전체의 동의를 받은 관리주체가 리모델링하려는 경우에는 시장 · 군수 · 구청장의 허가를 받아야 한다.
   ② 리모델링 기본계획을 수립하거나 변경하려면 14일 이상 주민에게 공람하고, 지방의회 의견을 들어야 한다.
   ③ 세대수가 증가되는 리모델링을 하는 경우에는 조합원 외의 자에 대한 분양계획은 리모델링을 하는 권리변동계획에 포함되어야 한다.
   ④ 광역시장이 리모델링 기본계획을 수립하려면 국토교통부장관의 승인을 받아야 한다.
   ⑤ 대도시 시장은 5년마다 리모델링 기본계획의 타당성을 검토하여 그 결과를 리모델링 기본계획에 반영하여야 한다.

핵심논점 39 농지의 소유제한

1. 농업인
   ① 1,000m² 이상의 농지에서 농작물 또는 다년생식물을 경작 또는 재배하거나 1년 중 90일 이상 농업에 종사하는 자
   ② 농지에 330m² 이상의 고정식온실·버섯재배사·비닐하우스를 설치하여 농작물 또는 다년생식물을 경작 또는 재배하는 자
   ③ 대가축 2두, 중가축 10두, 소가축 100두, 가금 1천수 또는 꿀벌 10군 이상을 사육하거나 1년 중 120일 이상을 축산업에 종사하는 자
   ④ 농산물의 연간 판매액이 120만원 이상인 자

2. 농지의 소유상한(주말·체험영농 : 세대원 합산 1천m² 미만, 상속과 이농 : 1만m²까지만 소유 가능)

3. 농취증 발급○ : 학교 + 시험·연구·실습지, 주말·체험영농목적으로 농업진흥지역 외의 농지를 취득, 농지전용허가를 받거나 농지전용신고를 한 자가 농지를 취득

4. 농취증 발급기간 : 7일(농업경영계획서 또는 주말·체험영농계획서를 작성하지 않는 경우에는 4일, 심의를 거쳐야 하는 경우에는 14일) 이내

5. 농취증 발급 ×
   ① 국가나 지방자치단체가 농지를 소유하는 경우
   ② 상속으로 농지를 취득하여 소유하는 경우
   ③ 담보농지를 취득하여 소유하는 경우
   ④ 농지전용협의를 마친 농지를 소유하는 경우
   ⑤ 농업법인의 합병으로 농지를 취득하는 경우
   ⑥ 공유농지의 분할로 농지를 취득하는 경우
   ⑦ 시효의 완성으로 농지를 취득하는 경우

6. 농지의 처분사유 : 소유농지를 정당한 사유(징집, 질병, 취학, 공직취임) 없이 자기의 농업경영에 이용하지 않은 경우

7. 농지의 처분의무 : 1년

8. 농지의 처분명령 : 6개월(3년간 직권으로 처분명령유예)

9. 매수청구 : 한국농어촌공사(공시지가)

10. 이행강제금 : 1년에 1회씩 감정가격 또는 개별공시지가 중 높은 가액의 100분의 25를 부과

97 농지법령상 농업에 종사하는 개인으로서 농업인에 해당하는 자는?

① 가금(家禽: 집에서 기르는 날짐승) 800수를 사육하는 자

② 800㎡의 농지에서 다년생식물을 재배하면서 1년 중 70일을 농업에 종사하는 자

③ 농지에 300㎡의 고정식 온실을 설치하여 다년생식물을 재배하는 자

④ 농업경영을 통한 농산물의 연간 판매액이 100만원인 자

⑤ 소가축 120두를 사육하는 자

98 농지법령상 농지취득자격증명을 발급받지 아니하고 농지를 취득할 수 있는 경우에 해당하지 <u>않는</u> 것은?

① 시효의 완성으로 농지를 취득하는 경우

② 공유농지의 분할로 농지를 취득하는 경우

③ 「고등교육법」에 따른 학교가 그 목적사업을 수행하기 위하여 필요한 실습지를 쓰기 위하여 농지를 취득하는 경우

④ 농업법인의 합병으로 농지를 취득하는 경우

⑤ 담보농지를 취득하여 소유하는 경우

> 출제예상 ≡

농지법령상 농지소유자가 소유농지를 위탁경영할 수 있는 경우가 <u>아닌</u> 것은?

① 3개월 이상 국외 여행 중인 경우

② 농업인이 자기의 노동력이 부족하여 농작업의 일부를 위탁하는 경우

③ 농업법인이 청산 중인 경우

④ 임신 중이거나 분만 후 1년 미만인 경우

⑤ 부상으로 3개월 이상 치료가 필요한 경우

> 정답 ④

99 농지법령상 조문의 일부이다. 다음 (   )에 들어갈 숫자를 옳게 연결한 것은?

> • 유휴농지의 대리경작자는 수확량의 100분의 (㉠)을 농림축산식품부령으로 정하는 바에 따라 그 농지의 소유권자나 임차권자에게 토지사용료로 지급하여야 한다.
> • 시장·군수 또는 구청장은 처분의무기간에 처분대상농지를 처분하지 아니한 농지 소유자에게 (㉡) 이내에 그 농지를 처분할 것을 명할 수 있다.
> • 대리경작기간은 따로 정하지 아니하면 (㉢)으로 한다.

① ㉠: 10, ㉡: 1년,   ㉢: 3년   ② ㉠: 20, ㉡: 6개월, ㉢: 3년

③ ㉠: 20, ㉡: 1년,   ㉢: 5년   ④ ㉠: 10, ㉡: 1년,   ㉢: 5년

⑤ ㉠: 10, ㉡: 6개월, ㉢: 3년

핵심논점 40 농지의 보전

1. 농업진흥지역 지정권자 : 시 · 도지사(농장은 승인권자)

2. 농업진흥지역 구분 : 농업진흥구역(집단화) + 농업보호구역(농업진흥구역의 농업환경보호)

3. 농업진흥지역 지정대상 : 녹지지역(특별시는 제외) · 관리지역 · 농림지역 · 자연환경보전지역

4. 농업진흥구역에서 허용되는 행위 : 농수산물 가공처리시설, 농수산 관련 시험연구시설, 국가 유산의 보수 · 복원, 농업인 주택

5. 농업보호구역에서 허용되는 행위 : 관광농원사업(2만m² 미만), 주말농원사업(3천m² 미만), 단독주택(1천m² 미만), 양수정 · 정수장(3천m² 미만), 태양에너지 발전설비(1만m² 미만)

6. 농지전용허가의 예외 : 산지전용허가를 받지 아니하고 불법으로 개간된 농지를 산림으로 복구하는 경우

7. 농지전용신고 : 농업인 주택, 농수산물 유통가공시설, 어린이놀이터, 양어장, 양식장 등 농업용시설로 전용하는 경우

8. 농지전용허가의 필수적 취소 : 명령을 위반한 경우

100 농지법령상 농지의 전용 등에 관한 설명으로 옳은 것은?

① 「산지관리법」에 따른 산지전용허가를 받지 아니하고 불법으로 개간된 농지를 다시 산림으로 복구하는 경우에는 농지전용허가를 받아야 한다.

② 농지전용허가를 받은 자가 관계 공사의 중지명령을 위반한 경우에는 허가를 취소하거나 조업의 정지를 명할 수 있다.

③ 전용허가를 받은 자의 명의를 변경하는 경우에는 농지전용신고를 하여야 한다.

④ 농업진흥지역 밖의 농지를 어린이집 부지로 전용하려는 자는 시장 · 군수 · 구청장에게 농지전용신고를 하여야 한다.

⑤ 농지의 타용도 일시사용허가를 받는 자는 농지보전부담금을 납입하여야 한다.

출제예상

농지법령상 농업진흥구역에서 건축할 수 있는 건축물에 해당하지 않는 것은?

① 농업인 주택

② 태양에너지 발전설비로서 부지면적이 1만m² 미만인 것

③ 농수산업 관련 시험 · 연구시설

④ 어린이 놀이터 · 마을회관

⑤ 「국가유산기본법」에 따른 국가유산의 보수 · 복원

> 정답 ②

부 록

본문의 문제를 하나로 모아
다시 한 번 복습할 수 있도록 하였습니다.

01 복습문제

01 국토의 계획 및 이용에 관한 법령상 광역도시계획에 관한 설명으로 옳은 것은?

① 광역계획권이 둘 이상의 시·도에 걸쳐 있는 경우에는 시·도지사가 공동으로 광역계획권을 지정할 수 있다.

② 특별자치시장과 광역시장이 광역도시계획을 공동으로 수립하거나 변경하는 때에는 국토교통부장관의 승인을 받아야 한다.

③ 시장 또는 군수가 협의를 거쳐 요청으로 도지사가 단독으로 광역도시계획을 수립하는 경우에는 국토교통부장관의 승인을 받아야 한다.

④ 국토교통부장관은 시·도지사로부터 공동으로 조정신청을 받은 경우에는 기한을 정하여 당사자 간에 다시 협의하도록 권고할 수 있다.

⑤ 광역도시계획을 수립하기 위한 기초조사의 내용에는 토지적성평가와 재해취약성분석을 포함하여야 한다.

02 국토의 계획 및 이용에 관한 법령상 광역도시계획에 관한 설명으로 틀린 것은?

① 광역계획권이 도의 관할구역에 속하여 있는 경우에는 시장·군수가 공동으로 광역도시계획을 수립하여야 한다.

② 광역도시계획을 시장·군수가 공동으로 수립하는 경우 그 내용에 관하여 서로 협의가 이루어지지 아니한 때에는 공동이나 단독으로 도지사에게 조정을 신청할 수 있다.

③ 국토교통부장관, 시·도지사, 시장 또는 군수가 기초조사정보체계를 구축한 경우에는 등록된 정보의 현황을 5년마다 확인하고 변동사항을 반영하여야 한다.

④ 광역계획권이 둘 이상의 시·도의 관할구역에 걸쳐 있는 경우에는 국토교통부장관이 광역도시계획을 수립하여야 한다.

⑤ 광역계획권을 지정한 날부터 3년이 지날 때까지 관할 시·도지사로부터 광역도시계획의 승인신청이 없는 경우에는 국토교통부장관이 광역도시계획을 수립하여야 한다.

03 국토의 계획 및 이용에 관한 법령상 도시·군기본계획에 관한 설명으로 옳은 것은?

① 이해관계자를 포함한 주민은 기반시설의 설치·정비 또는 개량에 관한 사항에 대하여 도시·군기본계획의 입안을 제안할 수 있다.

② 국토교통부장관은 5년마다 관할구역의 도시·군기본계획에 대하여 그 타당성 여부를 전반적으로 재검토하여 이를 정비하여야 한다.

③ 특별시장·광역시장·특별자치시장·특별자치도지사가 도시·군기본계획을 수립하거나 변경하려면 관계 행정기관의 장과 협의한 후 지방도시계획위원회의 심의를 거쳐야 한다.

④ 도시·군기본계획을 변경하는 경우에는 공청회를 개최하지 아니할 수 있다.

⑤ 관할구역 전부에 대하여 광역도시계획이 수립되어 있는 시로서 당해 광역도시계획에 도시·군기본계획에 포함될 사항이 일부 포함되어 있는 시는 도시·군기본계획을 수립하지 아니할 수 있다.

04 국토의 계획 및 이용에 관한 법령상 도시·군기본계획에 관한 설명으로 틀린 것은?

① 도시·군기본계획은 도시·군관리계획 수립의 지침이 되는 계획이다.

② 광역도시계획이 수립되어 있는 지역에 대하여 수립하는 도시·군기본계획의 내용이 광역도시계획의 내용과 다를 때에는 광역도시계획의 내용이 우선한다.

③ 도시·군기본계획 입안일부터 5년 이내에 토지적성평가를 실시한 경우에는 토지적성평가를 하지 아니할 수 있다.

④ 시장·군수는 인접한 관할구역의 장과 협의를 거쳐 그 인접한 관할구역의 전부 또는 일부를 포함하여 도시·군기본계획을 수립할 수 있다.

⑤ 시장 또는 군수는 기초조사의 내용에 도시·군기본계획이 환경에 미치는 영향 등에 대한 환경성 검토를 포함하여야 한다.

05 국토의 계획 및 이용에 관한 법령상 도시·군관리계획으로 결정하여야 하는 사항만을 모두 고른 것은?

> ㉠ 복합용도구역의 지정 또는 변경
> ㉡ 정비사업에 관한 계획
> ㉢ 기반시설의 설치에 관한 계획
> ㉣ 개발밀도관리구역의 지정

① ㉠, ㉣   ② ㉡, ㉢
③ ㉠, ㉡, ㉢   ④ ㉢, ㉣
⑤ ㉡, ㉢, ㉣

06 국토의 계획 및 이용에 관한 법령상 도시·군관리계획에 관한 설명으로 옳은 것은?

① 주민은 산업·유통개발진흥지구의 지정에 관한 사항에 대하여 입안권자에게 도시·군관리계획의 입안을 제안할 수 없다.

② 시가화조정구역이나 수산자원보호구역 지정에 관한 도시·군관리계획 결정 당시 이미 허가를 받아 사업에 착수한 자는 허가를 다시 받아야 그 사업을 계속할 수 있다.

③ 광장·공원·녹지 등의 공간시설의 정비에 관한 계획은 도시·군관리계획에 속한다.

④ 둘 이상의 시·군에 걸쳐 이루어지는 사업의 계획 중 도시·군관리계획으로 결정하여야 할 사항이 포함된 경우에는 국토교통부장관이 도시·군관리계획을 입안할 수 있다.

⑤ 도시자연공원구역의 지정에 관한 도시·군관리계획은 국토교통부장관이 결정한다.

07 국토의 계획 및 이용에 관한 법령상 도시·군관리계획에 관한 설명으로 틀린 것은?

① 도시지역의 축소에 따른 지구단위계획구역의 변경을 내용으로 하는 도시·군관리계획을 입안하는 경우에는 주민과 지방의회 의견청취를 생략할 수 있다.

② 도시·군관리계획의 결정의 효력은 지형도면을 고시한 날부터 발생한다.

③ 도시지역에 빗물저장 및 이용시설을 설치하려면 미리 도시·군관리계획으로 결정하여야 한다.

④ 국가계획과 연계하여 지정할 필요가 있는 시가화조정구역의 지정 및 변경에 관한 도시·군관리계획은 국토교통부장관이 결정한다.

⑤ 지구단위계획구역에서 도시·군관리계획을 입안하는 경우에는 그 계획의 입안을 위한 토지적성평가를 실시하지 아니할 수 있다.

출제예상 :

국토의 계획 및 이용에 관한 법령상 공간재구조화계획에 관한 설명으로 틀린 것은?

① 특별시장은 도시혁신구역 및 도시혁신계획을 수립하기 위하여 공간재구조화계획을 입안하여야 한다.

② 주민은 복합용도구역의 지정을 위하여 공간재구조화계획 입안권자에게 공간재구조화계획의 입안을 제안할 수 있다.

③ 공간재구조화계획은 시·도지사 또는 대도시 시장이 직접 또는 시장·군수의 신청에 따라 결정한다.

④ 공간재구조화계획결정의 효력은 지형도면을 고시한 날부터 발생한다.

⑤ 고시된 공간재구조화계획의 내용은 도시·군관리계획으로 관리하여야 한다.

> 정답 ③

08 국토의 계획 및 이용에 관한 법령상 도시·군관리계획의 입안 제안에 관한 설명으로 **틀린** 것은?

① 도시·군계획시설입체복합구역의 지정에 대한 입안을 제안하려는 자는 국공유지를 제외한 토지면적의 5분의 4 이상의 동의를 받아야 한다.

② 기반시설의 설치에 관한 사항에 대한 입안을 제안하려는 자는 국공유지를 제외한 토지면적의 5분의 4 이상의 동의를 받아야 한다.

③ 지구단위계획구역의 지정과 지구단위계획의 수립에 관한 사항에 대한 입안을 제안하려는 자는 국공유지를 제외한 토지면적의 3분의 2 이상의 동의를 받아야 한다.

④ 산업·유통개발진흥지구의 지정에 관한 사항에 대한 입안을 제안하려는 자는 국공유지를 제외한 토지면적의 4분의 3 이상의 동의를 받아야 한다.

⑤ 도시·군관리계획의 입안을 제안받은 자는 제안자와 협의하여 제안된 도시·군관리계획의 입안 및 결정에 필요한 비용의 전부 또는 일부를 제안자에게 부담시킬 수 있다.

09 국토의 계획 및 이용에 관한 법령상 환경성 검토를 실시하여야 하는 경우에 해당하는 것만을 모두 고른 것은?

> ㉠ 「도시개발법」에 따른 도시개발사업의 경우
> ㉡ 해당 도시·군계획시설부지가 다른 법률에 따라 지역·지구 등으로 지정되거나 개발계획이 수립된 경우
> ㉢ 해당 지구단위계획구역의 지정목적이 해당 구역을 정비 또는 관리하고자 하는 경우로서 지구단위계획의 내용에 너비 12m 이상 도로의 설치계획이 없는 경우
> ㉣ 해당 도시·군계획시설의 결정을 해제하려는 경우

① ㉠ ② ㉠, ㉡ ③ ㉠, ㉣
④ ㉢, ㉣ ⑤ ㉠, ㉡, ㉢

10 국토의 계획 및 이용에 관한 법령상 용도지역에 관한 설명으로 옳은 것은?

① 도시지역이 세부 용도지역으로 지정되지 아니한 경우 용도지역의 용적률의 규정을 적용할 때에 자연녹지지역에 관한 규정을 적용한다.

② 「택지개발촉진법」에 따른 택지개발지구로 지정·고시되었다가 택지개발사업의 완료로 지구 지정이 해제되면 그 지역은 지구 지정 이전의 용도지역으로 환원된 것으로 본다.

③ 도시지역·관리지역·농림지역·자연환경보전지역으로 지정되지 아니한 경우 용도지역의 건폐율의 규정을 적용할 때에 농림지역에 관한 규정을 적용한다.

④ 관리지역에서 「농지법」에 따른 농업진흥지역으로 지정·고시된 지역은 「국토의 계획 및 이용에 관한 법률」에 따른 자연환경보전지역으로 결정·고시된 것으로 본다.

⑤ 도시지역에 대하여는 「도로법」에 따른 접도구역의 규정을 적용하지 아니한다.

11 국토의 계획 및 이용에 관한 법령상 제1종 일반주거지역 안에서 도시·군계획조례가 정하는 바에 의하여 건축할 수 있는 건축물로 옳은 것은? (단, 건축물은 4층 이하에 한하고 건축물의 종류는 건축법 시행령 [별표1]에 규정된 건축물의 종류에 따름)

① 문화 및 집회시설 중 공연장
② 제2종 근린생활시설 중 노래연습장
③ 의료시설 중 격리병원
④ 업무시설 중 오피스텔로서 바닥면적의 합계가 4,000㎡인 것
⑤ 운동시설 중 옥외 철탑이 설치된 골프연습장

12 국토의 계획 및 이용에 관한 법령상 조례로 정할 수 있는 건폐율의 최대한도가 낮은 지역부터 높은 지역 순으로 옳게 나열한 것은? (단, 조례 등 기타 강화·완화 조건은 고려하지 않음)

① 제2종 전용주거지역 − 일반상업지역 − 전용공업지역
② 근린상업지역 − 유통상업지역 − 계획관리지역
③ 자연녹지지역 − 일반공업지역 − 제2종 일반주거지역
④ 일반상업지역 − 전용공업지역 − 제3종 일반주거지역
⑤ 생산관리지역 − 준주거지역 − 유통상업지역

13 국토의 계획 및 이용에 관한 법령상 도시·군계획조례로 정할 수 있는 건폐율의 최대한도가 큰 용도지역부터 바르게 연결한 것은?

> ㉠ 「산업입지 및 개발에 관한 법률」에 따른 농공단지
> ㉡ 자연녹지지역에 지정된 개발진흥지구
> ㉢ 「자연공원법」에 따른 자연공원
> ㉣ 공업지역에 있는 「산업입지 및 개발에 관한 법률」에 따른 준산업단지
> ㉤ 수산자원보호구역

① ㉣ − ㉠ − ㉢ − ㉤ − ㉡
② ㉣ − ㉢ − ㉠ − ㉤ − ㉡
③ ㉠ − ㉢ − ㉣ − ㉤ − ㉡
④ ㉣ − ㉠ − ㉢ − ㉡ − ㉤
⑤ ㉡ − ㉤ − ㉢ − ㉠ − ㉣

14 국토의 계획 및 이용에 관한 법령상 용적률의 최대한도가 높은 지역부터 낮은 지역까지 순서대로 나열한 것은? (단, 조례 등 기타 강화·완화 조건은 고려하지 않음)

> ㉠ 준공업지역   ㉡ 준주거지역
> ㉢ 근린상업지역   ㉣ 제3종 일반주거지역

① ㉠ − ㉡ − ㉢ − ㉣
② ㉣ − ㉠ − ㉡ − ㉢
③ ㉢ − ㉠ − ㉡ − ㉣
④ ㉢ − ㉡ − ㉠ − ㉣
⑤ ㉢ − ㉡ − ㉣ − ㉠

15 국토의 계획 및 이용에 관한 법령상 용도지구와 그 세분(細分)이 바르게 연결된 것만을 모두 고른 것은? (단, 조례는 고려하지 않음)

> ㉠ 경관지구 – 자연경관지구, 시가지경관지구, 수변경관지구
> ㉡ 취락지구 – 자연취락지구, 주거취락지구
> ㉢ 보호지구 – 역사문화환경보호지구, 중요시설물보호지구, 생태계보호지구
> ㉣ 개발진흥지구 – 주거개발진흥지구, 산업·유통개발진흥지구, 관광·휴양개발진흥지구, 복합개발진흥지구, 특정개발진흥지구
> ㉤ 방재지구 – 시가지방재지구, 농어촌방재지구, 자연방재지구

① ㉢, ㉣   ② ㉠, ㉡, ㉢

③ ㉠, ㉢, ㉣   ④ ㉢, ㉣, ㉤

⑤ ㉠, ㉢, ㉣, ㉤

16 국토의 계획 및 이용에 관한 법령상 용도지구에서의 건축제한에 관한 설명으로 **틀린** 것은?

① 고도지구 안에서 건축물을 신축하는 경우 도시·군관리계획으로 정하는 높이에 초과하는 건축물을 건축할 수 없다.
② 자연취락지구 안에서는 4층 이하의 도계장을 건축할 수 있다.
③ 용도지구 안에서의 도시·군계획시설에 대하여는 용도지구 안의 건축제한에 관한 규정을 적용하지 아니한다.
④ 집단취락지구 안에서의 건축제한에 관하여는 「개발제한구역의 지정 및 관리에 관한 특별조치법」이 정하는 바에 의한다.
⑤ 일반공업지역에 지정된 복합용도지구 안에서는 노유자시설을 건축할 수 있다.

〔 출제예상 〕

국토의 계획 및 이용에 관한 법령상 자연취락지구 안에서 건축할 수 있는 건축물에 해당하지 **않는** 것은? (단, 4층 이하의 건축물이고, 조례는 고려하지 않음)

① 한방병원   ② 마을공동구판장
③ 교도소   ④ 작물재배사
⑤ 장의사

> 정답 ①

17 국토의 계획 및 이용에 관한 법령상 도시혁신구역에 관한 설명으로 <u>틀린</u> 것은?

① 공간재구조화계획 결정권자는 도시·군기본계획에 따른 도심·부도심 또는 생활권 중심 지역을 도시혁신구역으로 지정할 수 있다.

② 다른 법률에서 도시·군관리계획의 결정을 의제하고 있는 경우에는 「국토의 계획 및 이용에 관한 법률」에 따르지 아니하고 도시혁신구역의 지정을 결정할 수 있다.

③ 도시혁신계획에는 도시혁신구역의 지정 목적을 이루기 위해서 주요 기반시설의 확보에 관한 사항이 포함되어야 한다.

④ 도시혁신구역에 대하여는 「도시공원 및 녹지 등에 관한 법률」에 따른 도시공원 또는 녹지확보기준에 관한 규정을 도시혁신계획으로 따로 정할 수 있다.

⑤ 도시혁신구역으로 지정된 지역은 「건축법」에 따른 특별건축구역으로 지정된 것으로 본다.

출제예상 ┊

국토의 계획 및 이용에 관한 법령상 도시혁신구역에서 도시혁신계획으로 따로 정할 수 있는 규정에 해당하는 법률 규정을 모두 고른 것은?

㉠ 「주차장법」에 따른 부설주차장의 설치
㉡ 「건축법」에 따른 공개공지 등의 확보
㉢ 「학교용지의 확보 등에 관한 특별법」에 따른 학교용지의 조성·개발기준
㉣ 「건축법」에 따른 대지의 조경

① ㉠, ㉡   ② ㉡, ㉢   ③ ㉢, ㉣

④ ㉠, ㉡, ㉢   ⑤ ㉠, ㉡, ㉢, ㉣

❯ 정답 ④

18 국토의 계획 및 이용에 관한 법령상 기반시설의 종류와 해당 시설의 연결로 옳은 것은?

① 공간시설 − 광장, 공원, 녹지, 유수지

② 공공·문화체육시설 − 학교, 공공청사, 연구시설, 방송·통신시설

③ 보건위생시설 − 장사시설, 도축장, 사회복지시설

④ 방재시설 − 하천, 저수지, 방풍설비, 사방설비

⑤ 환경기초시설 − 하수도, 빗물저장 및 이용시설, 수질오염방지시설, 주차장

19 국토의 계획 및 이용에 관한 법령상 공동구에 관한 설명으로 <u>틀린</u> 것은?

① 공동구관리자는 공동구 관리에 드는 비용을 연 2회로 분할하여 납부하게 하여야 한다.

② 부담금의 통지를 받은 공동구 점용예정자는 공동구 설치공사가 착수되기 전에 부담액의 2분의 1 이상을 납부하여야 한다.

③ 「택지개발촉진법」에 따른 택지개발지구의 규모가 300만㎡인 경우 해당 구역에서 개발사업을 시행하는 자는 공동구를 설치하여야 한다.

④ 공동구관리자는 5년마다 해당 공동구의 안전 및 유지관리계획을 대통령령으로 정하는 바에 따라 수립·시행하여야 한다.

⑤ 공동구가 설치된 경우 하수도관은 공동구협의회의 심의를 거쳐 공동구를 수용할 수 있다.

20 국토의 계획 및 이용에 관한 법령상 도시·군계획시설에 관한 설명으로 옳은 것은?

① 한국토지주택공사가 도시·군계획시설설사업의 시행자로 지정을 받으려면 사업대상 토지면적의 2분의 1 이상을 동의를 받아야 한다.

② 행정청이 아닌 시행자의 처분에 대하여는 그 시행자를 피청구인으로 하여 행정심판을 제기하여야 한다.

③ 사업구역경계의 변경이 있는 범위 안에서 건축물 연면적 10% 미만을 변경하는 경우에는 변경인가를 받아야 한다.

④ 도지사가 시행한 도시·군계획시설사업으로 그 도에 속하지 않는 군이 현저히 이익을 받는 경우, 해당 도지사와 군수 간의 비용부담에 관한 협의가 성립되지 아니하는 때에는 기획재정부장관이 결정하는 바에 따른다.

⑤ 지방의회로부터 장기미집행시설의 해제를 권고받은 시장·군수는 특별한 사유가 없으면 1년 이내에 해제를 위한 도시·군관리계획결정을 하여야 한다.

21 국토의 계획 및 이용에 관한 법령상 도시·군계획시설사업에 관한 설명으로 틀린 것은?

① 「국토의 계획 및 이용에 관한 법률」 또는 다른 법률에 특별한 규정이 있는 경우 외에는 특별시장·광역시장·특별자치시장·특별자치도지사·시장 또는 군수가 사업을 시행한다.

② 실시계획의 고시가 있은 때에는 「공익사업을 위한 토지 등의 취득 및 보상에 관한 법률」에 따른 사업인정 및 그 고시가 있었던 것으로 본다.

③ 행정청이 아닌 도시·군계획시설사업의 시행자가 도시·군계획시설사업에 의하여 새로 공공시설을 설치한 경우 새로 설치된 공공시설은 그 시설을 관리할 관리청에 무상으로 귀속된다.

④ 둘 이상의 시·도에 걸쳐 시행되는 사업의 시행자를 정함에 있어 관계 시·도지사 간의 협의가 성립되지 않는 경우에는 국토교통부장관이 도시·군계획시설사업을 시행한다.

⑤ 도시·군계획시설사업의 시행자는 사업시행을 위하여 특히 필요하다고 인정되면 도시·군계획시설에 인접한 토지·건축물을 일시 사용할 수 있다.

22 국토의 계획 및 이용에 관한 법령상 도시·군계획시설부지에서의 매수청구에 관한 설명으로 옳은 것은?

① 도시·군계획시설채권의 상환기간은 5년 이상 20년 이내로 한다.

② 매수의무자는 매수청구가 있은 날로부터 2년 이내에 매수 여부를 결정하여 토지소유자에게 알려야 한다.

③ 도시·군계획시설결정의 고시일부터 10년 이내에 사업이 시행되지 않은 경우에는 실시계획인가가 진행된 경우에도 매수청구를 할 수 있다.

④ 매수청구를 한 토지의 소유자는 매수의무자가 매수하지 아니하기로 결정한 경우에는 개발행위허가를 받아 층수가 3층인 노래연습장을 건축할 수 있다.

⑤ 비업무용 토지로서 매수대금이 3천만원을 초과하는 경우 매수의무자인 지방자치단체는 그 초과하는 금액에 대해서 도시·군계획시설채권을 발행하여 지급할 수 있다.

23 국토의 계획 및 이용에 관한 법령상 장기미집행 도시·군계획시설부지에서 매수청구를 한 토지소유자는 매수의무자가 매수하지 아니하기로 결정한 경우 개발행위허가를 받아 건축할 수 있는 건축물에 해당하지 않는 것은?

① 층수가 2층인 동물병원   ② 층수가 3층인 한의원
③ 층수가 2층인 독서실   ④ 층수가 3층인 어린이집
⑤ 층수가 3층인 단독주택

24 국토의 계획 및 이용에 관한 법령상 도시·군계획시설결정의 실효 등에 관한 설명으로 옳은 것은?

① 도시·군계획시설결정의 고시일부터 20년이 지날 때까지 그 시설의 설치에 관한 사업이 시행되지 아니한 경우 그 결정은 20년이 되는 날에 효력을 잃는다.

② 시장 또는 군수는 도시·군계획시설결정이 효력을 잃으면 지체 없이 그 사실을 고시하여야 한다.

③ 장기미집행 도시·군계획시설결정의 해제를 권고받은 시장·군수는 그 시설의 해제를 위한 도시·군계획시설결정을 국토교통부장관에게 신청하여야 한다.

④ 도시·군계획시설결정의 해제를 신청받은 도지사는 해제 신청을 받은 날부터 6개월 이내에 해당 도시·군계획시설의 해제를 위한 결정을 하여야 한다.

⑤ 토지소유자로부터 도시·군계획시설결정의 해제를 위한 결정을 신청받은 결정권자는 2개월 이내에 결정 여부를 정하여 토지소유자에게 알려야 하며, 특별한 사유가 없으면 그 도시·군계획시설결정을 해제하여야 한다.

25 국토의 계획 및 이용에 관한 법령상 지구단위계획구역에 관한 설명으로 틀린 것은?

① 시장 또는 군수가 입안한 지구단위계획구역의 지정·변경에 관한 도시·군관리계획은 시장 또는 군수가 직접 결정한다.

② 도시지역 외의 지역에 지정된 지구단위계획구역의 지정이 한옥마을의 보전을 목적으로 하는 경우 지구단위계획으로 「주차장법」에 따른 주차장 설치기준을 100%까지 완화하여 적용할 수 있다.

③ 지구단위계획에는 건축물의 용도제한, 건축물의 건폐율 또는 용적률, 건축물 높이의 최고한도 또는 최저한도에 관한 사항이 포함되어야 한다.

④ 녹지지역에서 상업지역으로 변경되는 면적이 40만㎡인 경우에는 해당 지역은 지구단위계획구역으로 지정하여야 한다.

⑤ 시장 또는 군수는 개발제한구역에서 해제되는 구역 중 계획적인 개발 또는 관리가 필요한 지역은 지구단위계획구역으로 지정할 수 있다.

26 국토의 계획 및 이용에 관한 법령상 지구단위계획 및 지구단위계획구역에 관한 설명으로 틀린 것은?

① 도시지역 외의 지역으로서 용도지구를 폐지하고 그 용도지구에서의 행위제한을 지구단위계획으로 대체하려는 지역은 지구단위계획구역으로 지정될 수 있다.

② 지구단위계획구역으로 지정된 지역으로서 도시·군관리계획상 특히 필요하다고 인정하는 지역에 대해서는 최대 5년까지 개발행위허가를 제한할 수 있다.

③ 「산업입지 및 개발에 관한 법률」에 따른 준산업단지의 전부 또는 일부에 대하여 지구단위계획구역으로 지정할 수 있다.

④ 지구단위계획에는 건축물의 배치·형태·색채 또는 건축선에 관한 사항이 포함될 수 있다.

⑤ 계획관리지역 외의 지역에 지정된 개발진흥지구 내의 지구단위계획구역에서는 건축물의 용도·종류 및 규모 등을 완화하여 적용할 경우 아파트 및 연립주택은 허용된다.

27 국토의 계획 및 이용에 관한 법령상 개발행위허가에 관한 설명으로 옳은 것은?

① 토지 분할에 대하여 개발행위허가를 받은 자가 개발행위를 마치면 관할 행정청의 준공검사를 받아야 한다.

② 부지면적 또는 건축물 연면적을 5% 범위 안에서 축소하거나 확장하는 경우에는 변경에 대한 허가를 받아야 한다.

③ 도시·군관리계획을 수립하고 있는 지역으로서 그 도시·군관리계획이 결정될 경우 용도지역의 변경이 예상되고 그에 따라 개발행위허가의 기준이 크게 달라질 것으로 예상되는 지역은 최장 3년간 개발행위허가를 제한할 수 있다.

④ 생산관리지역에서는 도시계획위원회의 심의를 통하여 개발행위허가의 기준을 강화 또는 완화하여 적용할 수 있다.

⑤ 개발행위허가의 대상인 토지가 2 이상의 용도지역에 걸치는 경우, 개발행위허가의 규모를 적용할 때는 가장 큰 규모의 용도지역에 대한 규정을 적용한다.

28 국토의 계획 및 이용에 관한 법령상 개발행위허가에 관한 설명으로 틀린 것은?

① 허가권자가 개발행위허가를 하는 경우 환경오염 방지에 관한 조치를 할 것을 조건으로 허가할 수 있다.

② 허가권자가 위해방지에 관한 조치를 할 것을 조건으로 개발행위허가를 하려는 경우 미리 개발행위허가를 신청한 자의 의견을 들어야 한다.

③ 개발행위허가를 받은 자가 행정청인 경우, 그가 기존의 공공시설에 대체되는 공공시설을 설치하면 기존의 공공시설은 대체되는 공공시설의 설치비용에 상당하는 범위 안에서 개발행위허가를 받은 자에게 무상으로 양도될 수 있다.

④ 「도시개발법」에 따른 도시개발사업으로 공유수면을 매립하는 경우에는 개발행위허가를 받지 않아도 된다.

⑤ 기반시설부담구역으로 지정된 지역에 대하여 개발행위허가를 제한하였다가 이를 연장하기 위해서는 도시계획위원회의 심의를 거치지 않아도 된다.

29 국토의 계획 및 이용에 관한 법령상 성장관리계획구역에 관한 설명으로 옳은 것을 모두 고른 것은?

> ㉠ 국토교통부장관은 관리지역 중 주변지역과 연계하여 체계적인 관리가 필요한 지역의 전부 또는 일부에 대하여 성장관리계획구역을 지정할 수 있다.
>
> ㉡ 성장관리계획구역으로 지정된 보전녹지지역에서는 성장관리계획으로 30% 이하의 범위에서 조례로 정하는 비율까지 건폐율을 완화하여 적용할 수 있다.
>
> ㉢ 성장관리계획구역으로 지정된 계획관리지역에서는 성장관리계획으로 125% 이하의 범위에서 조례로 정하는 비율까지 용적률을 완화하여 적용할 수 있다.
>
> ㉣ 시장 또는 군수는 5년마다 관할구역 내 수립된 성장관리계획에 대하여 그 타당성 여부를 전반적으로 재검토하여 정비하여야 한다.

① ㉡ 　　　　　　　　　　　　② ㉡, ㉢
③ ㉢, ㉣ 　　　　　　　　　　④ ㉠, ㉢, ㉣
⑤ ㉡, ㉢, ㉣

30 국토의 계획 및 이용에 관한 법령상 성장관리계획구역에서 성장관리계획으로 완화하여 적용할 수 있는 건폐율 규정으로 옳게 연결된 것은?

> ㉠ 농림지역 : 30% 이하 　　　　㉡ 자연녹지지역 : 40% 이하
> ㉢ 계획관리지역 : 50% 이하 　　㉣ 생산관리지역 : 40% 이하

① ㉠, ㉡ 　　　　　　　　　　　　② ㉠, ㉢
③ ㉢, ㉣ 　　　　　　　　　　　　④ ㉠, ㉡, ㉢
⑤ ㉠, ㉢, ㉣

31 국토의 계획 및 이용에 관한 법령상 개발밀도관리구역에 관한 설명으로 옳은 것은?

① 개발밀도관리구역에서는 해당 용도지역에 적용되는 건폐율의 최대한도의 50% 범위에서 건폐율을 강화하여 적용한다.

② 광역시장은 향후 2년 이내에 해당 지역의 학생 수가 학교수용능력을 20% 이상 미달할 것으로 예상되는 지역을 개발밀도관리구역으로 지정할 수 있다.

③ 개발밀도관리구역의 명칭 변경에 대하여는 지방도시계획위원회의 심의를 거치지 않아도 된다.

④ 시장 또는 군수는 주거지역에서의 개발행위로 인하여 기반시설이 부족할 것으로 예상되는 지역 중 기반시설의 설치가 곤란한 지역을 대상으로 개발밀도관리구역으로 지정할 수 있다.

⑤ 시장 또는 군수는 향후 2년 이내에 해당 지역의 하수발생량이 하수시설의 시설용량을 초과할 것으로 예상되는 지역 중 기반시설 설치가 곤란한 지역을 개발밀도관리구역으로 지정할 수 없다.

32 국토의 계획 및 이용에 관한 법령상 광역시의 기반시설부담구역에 관한 설명으로 **틀린** 것은?

① 기반시설설치비용은 건축허가를 받은 날부터 2개월 이내에 납부하여야 한다.

② 기반시설부담구역이 지정되면 광역시장은 대통령령으로 정하는 바에 따라 기반시설설치계획을 수립하여야 하며, 이를 도시·군관리계획에 반영하여야 한다.

③ 광역시장이 기반시설부담구역을 지정하려면 주민의 의견을 들어야 하며, 지방도시계획위원회의 심의를 거쳐 이를 고시하여야 한다.

④ 지구단위계획을 수립한 경우에는 기반시설설치계획을 수립한 것으로 본다.

⑤ 기반시설부담구역의 지정·고시일부터 1년이 되는 날까지 기반시설설치계획을 수립하지 아니하면 1년이 되는 날의 다음날에 기반시설부담구역의 지정은 해제된 것으로 본다.

33 국토의 계획 및 이용에 관한 법령상 기반시설부담구역에서 기반시설설치비용의 산정에서 사용되는 기반시설유발계수가 높은 것부터 나열한 것은?

㉠ 어린이회관	㉡ 사진관
㉢ 휴양콘도미니엄	㉣ 철도시설

① ㉠ - ㉡ - ㉢ - ㉣　　② ㉠ - ㉡ - ㉣ - ㉢
③ ㉡ - ㉠ - ㉢ - ㉣　　④ ㉢ - ㉡ - ㉣ - ㉠
⑤ ㉣ - ㉡ - ㉠ - ㉢

34 국토의 계획 및 이용에 관한 법령상 개발밀도관리구역과 기반시설부담구역에 관한 설명으로 옳은 것은?

① 동일한 지역에 대해 기반시설부담구역과 개발밀도관리구역을 중복하여 지정할 수 있다.

② 기반시설설치비용의 부과대상은 단독주택 및 숙박시설 등 대통령령으로 정하는 시설로서 200㎡(기존 건축물의 연면적을 포함)를 초과하는 건축물의 신축·개축 행위로 한다.

③ 개발밀도관리구역을 지정하려면 주민의 의견을 들어야 하며, 지방도시계획위원회의 심의를 거쳐 이를 고시하여야 한다.

④ 공원과 녹지는 기반시설부담구역에서 설치가 필요한 기반시설에 해당하지 않는다.

⑤ 납부의무자가 재해나 도난으로 재산에 심한 손실을 입은 경우에 해당하여 기반시설설치비용을 납부하기가 곤란하다고 인정되면 해당 개발사업 목적에 따른 이용 상황 등을 고려하여 1년의 범위에서 납부기일을 연기할 수 있다.

35 도시개발법령상 도시개발구역 지정과 개발계획에 관한 설명으로 **틀린** 것은?

① 자연녹지지역에 도시개발구역을 지정할 수 있는 규모는 1만㎡ 이상이어야 한다.

② 지정권자는 도시개발사업을 환지방식으로 시행하려고 개발계획을 수립할 때 시행자가 한국토지주택공사인 경우에는 토지소유자의 동의를 받을 필요가 없다.

③ 순환개발 등 단계적 사업추진이 필요한 경우 사업추진계획 등에 관한 사항은 도시개발구역을 지정한 후에 개발계획의 내용에 포함시킬 수 있다.

④ 생산관리지역에 도시개발구역을 지정할 때에는 도시개발구역을 지정한 후에 개발계획을 수립할 수 있다.

⑤ 국가철도공단의 장이 30만㎡ 이상으로서 국가계획과 밀접한 관련이 있는 도시개발구역의 지정을 제안하는 경우 국토교통부장관이 도시개발구역을 지정할 수 있다.

36 도시개발법령상 환지방식의 도시개발사업에 대한 개발계획의 수립·변경을 위한 동의자 수 산정방법으로 옳은 것은?

① 도시개발구역의 토지면적을 산정하는 경우 국공유지는 제외한다.

②「집합건물의 소유 및 관리에 관한 법률」에 따른 구분소유자는 대표 구분소유자 1인만 토지소유자로 본다.

③ 도시개발구역의 지정이 제안된 후부터 개발계획이 수립되기 전까지의 사이에 토지소유자가 변경된 경우 변경된 토지소유자의 동의서를 기준으로 한다.

④ 도시개발구역의 지정이 제안되기 전에 동의를 철회하는 사람이 있는 경우 그 사람은 동의자 수에서 포함한다.

⑤ 개발계획의 변경을 요청받은 후부터 개발계획이 변경되기 전까지의 사이에 토지소유자가 변경된 경우 기존 토지소유자의 동의서를 기준으로 한다.

37 도시개발법령상 도시개발구역의 지정에 관한 설명으로 **틀린** 것은?

① 공업지역에 도시개발구역을 지정할 수 있는 규모는 3만㎡ 이상이어야 한다.

② 자연녹지지역에 도시개발구역을 지정할 때에는 도시개발구역을 지정한 후에 개발계획을 수립할 수 있다.

③ 도시개발구역을 둘 이상의 사업시행지구로 분할하는 경우 분할 후 사업시행지구의 면적은 각각 1만㎡ 이상이어야 한다.

④ 사업시행자로 지정될 수 있는 지방공사는 특별자치도지사·시장·군수·구청장에게 도시개발구역의 지정을 제안할 수 없다.

⑤ 도시개발사업의 공사완료로 도시개발구역의 지정이 해제의제된 경우에는 도시개발구역의 용도지역은 해당 도시개발구역 지정 전의 용도지역으로 환원된 것으로 보지 아니한다.

38 도시개발법령상 국토교통부장관이 도시개발구역을 지정할 수 있는 경우가 <u>아닌</u> 것은?

① 국가가 도시개발사업을 실시할 필요가 있는 경우

② 문화체육관광부장관이 10만㎡ 규모로 도시개발구역의 지정을 요청하는 경우

③ 지방공사의 장이 40만㎡ 규모로 국가계획과 밀접한 관련이 있는 도시개발구역의 지정을 제안하는 경우

④ 둘 이상의 시·도 또는 대도시의 행정구역에 걸치는 경우로서 시·도지사 또는 대도시 시장의 협의가 성립되지 않은 경우

⑤ 천재지변으로 인하여 도시개발사업을 긴급하게 할 필요가 있는 경우

39 도시개발법령상 도시개발조합에 관한 설명으로 옳은 것은?

① 조합원이 정관에 따라 부과된 부과금을 체납하는 경우 조합은 지방세 체납처분의 예에 따라 이를 징수할 수 있다.

② 조합설립의 인가를 신청하려면 국공유지를 제외한 토지면적의 3분의 2 이상의 동의와 토지소유자 총수의 2분의 1 이상의 동의를 받아야 한다.

③ 이사의 자기를 위한 조합과의 계약이나 소송에 관하여는 조합장이 조합을 대표한다.

④ 조합원으로 된 자가 금고 이상의 형의 선고를 받은 경우에는 그 사유가 발생한 다음 날부터 조합원의 자격을 상실한다.

⑤ 의결권이 없는 조합원은 조합의 이사가 될 수 없다.

40 도시개발법령상 도시개발조합에 관한 설명으로 <u>틀린</u> 것은?

① 조합의 감사로 선임된 자가 금고 이상의 형의 선고를 받은 경우에는 그 사유가 발생한 다음 날부터 감사의 자격을 상실한다.

② 총회의 의결사항 중 자금의 차입과 그 방법·이율 및 상환방법에 관한 사항은 대의원회가 총회의 권한을 대행할 수 없다.

③ 조합의 정관에는 주된 사무소의 소재지가 포함되어야 한다.

④ 조합이 인가받은 사항 중 공고방법을 변경하려는 경우에는 신고하여야 한다.

⑤ 의결권을 가진 조합원의 수가 70인인 조합은 대의원회를 둘 수 있다.

41 도시개발법령상 실시계획에 관한 설명으로 틀린 것은?

① 시행자가 작성하는 실시계획은 개발계획에 맞게 작성되어야 하고, 지구단위계획이 포함되어야 한다.

② 지정권자는 도시개발사업에 관한 실시계획인가를 받은 후 2년 이내에 사업에 착수하지 아니하는 경우에는 시행자를 변경할 수 있다.

③ 지정권자가 아닌 시행자가 실시계획인가를 받은 후, 사업비의 100분의 20을 증액하는 경우에는 지정권자의 변경인가를 받아야 한다.

④ 실시계획의 인가에 의해 「도로법」에 따른 도로공사 시행의 허가는 의제될 수 없다.

⑤ 실시계획을 인가할 때 지정권자가 해당 실시계획에 대한 「도로법」에 따른 도로공사 시행의 허가에 관하여 미리 관계 행정기관의 장과 협의한 때에는 해당 허가를 받은 것으로 본다.

출제예상

도시개발법령상 환지방식으로 시행하는 구역에 대하여 지정권자가 실시계획을 작성하거나 인가한 경우 관할 등기소에 통보·제출하여야 하는 사항에 해당하지 않는 것은?

① 도시개발구역의 위치 및 면적 ② 사업의 명칭
③ 사업의 목적 ④ 시행방식
⑤ 인가된 실시계획에 관한 도서의 공람기간 및 공람장소

> 정답 ⑤

42 도시개발법령상 도시개발사업의 시행에 관한 설명으로 옳은 것은?

① 도시개발사업을 시행하는 한국관광공사인 시행자가 토지를 수용하려면 사업대상 토지면적의 3분의 2 이상에 해당하는 토지를 소유하고 토지소유자 총수의 2분의 1 이상의 동의를 받아야 한다.

② 지정권자는 전부를 환지방식으로 시행하는 시행자가 도시개발구역의 지정·고시일부터 6개월 이내에 실시계획인가를 신청하지 아니하는 경우에는 시행자를 변경할 수 있다.

③ 시행자가 아닌 지정권자는 도시개발사업에 필요한 토지 등을 수용하거나 사용할 수 있다.

④ 「한국수자원공사법」에 따른 한국수자원공사인 시행자는 설계·분양 등 도시개발사업의 일부를 「주택법」에 따른 주택건설사업자 등으로 하여금 도시개발사업의 일부를 대행하게 할 수 없다.

⑤ 지정권자는 도시개발구역 지정 이후 지방공사인 시행자가 도시개발사업의 시행방식을 혼용방식에서 전부 환지방식으로 변경하는 경우에는 도시개발사업의 시행방식을 변경할 수 있다.

43 도시개발법령상 수용 또는 사용방식에 따른 사업시행에 관한 설명으로 옳은 것은?

① 시행자가 토지상환채권을 발행할 경우, 그 발행규모는 토지상환채권으로 상환할 토지·건축물이 도시개발사업으로 조성되는 분양토지 또는 분양건축물 면적의 3분의 1을 초과하지 않아야 한다.

② 지정권자인 시행자는 조성되지 아니한 상태의 토지를 공급받거나 이용하려는 자로부터 국토교통부장관의 승인을 받아 해당 대금의 전부 또는 일부를 미리 받을 수 있다.

③ 원형지를 공급받은 「공공기관의 운영에 관한 법률」에 따른 공공기관은 도시개발구역 전체 토지면적의 3분의 1을 초과하여 원형지를 개발할 수 없다.

④ 원형지를 공장 부지로 직접 사용하는 자를 원형지개발자로 선정하는 경우에는 추첨의 방법으로 할 수 있다.

⑤ 실시계획을 고시한 경우에는 「공익사업을 위한 토지 등의 취득 및 보상에 관한 법률」에 따른 사업인정 및 고시가 있었던 것으로 본다.

44 도시개발법령상 조성토지의 공급에 관한 설명으로 틀린 것은?

① 지정권자가 아닌 시행자는 조성토지 등을 공급하려고 할 때에는 조성토지 등의 공급계획을 작성하여 지정권자의 승인을 받아야 한다.

② 일반에게 분양할 수 없는 공공용지를 국가, 지방자치단체에게 공급하는 경우에는 수의계약 방법으로 공급할 수 있다.

③ 조성토지 등의 가격 평가는 「감정평가 및 감정평가사에 관한 법률」에 따른 감정평가법인 등이 평가한 금액을 산술평균한 금액으로 한다.

④ 「주택법」에 따른 공공택지를 공급하는 경우에는 추첨의 방법으로 분양할 수 있다.

⑤ 토지소유자인 시행자가 200실 이상의 객실을 갖춘 호텔의 부지로 토지를 공급하는 경우에는 「감정평가 및 감정평가사에 관한 법률」에 따른 감정평가법인 등이 감정평가한 가격 이하로 정할 수 있다.

45 도시개발법령상 환지방식에 의한 사업시행에 관한 설명으로 옳은 것은?

① 행정청인 시행자가 환지계획을 작성한 경우에는 특별자치도지사, 시장·군수·구청장의 인가를 받아야 한다.

② 「공익사업을 위한 토지 등의 취득 및 보상에 관한 법률」에 해당하는 공공시설의 용지에 대하여는 환지계획을 정할 때 그 위치·면적 등에 관하여 환지계획 작성 기준을 적용하여야 한다.

③ 환지예정지의 지정이 있으면 종전의 토지에 대한 임차권자 등은 종전의 토지에 대해서는 사용하거나 수익할 수 없다.

④ 환지계획에서 환지를 정하지 아니한 종전 토지에 있던 권리는 환지처분이 공고된 날의 다음 날이 끝나는 때에 소멸한다.

⑤ 토지의 소유자가 신청하거나 동의하는 경우에는 해당 토지의 임차권자가 동의하지 않더라도 그 토지의 전부 또는 일부에 대하여 환지를 정하지 아니할 수 있다.

46 도시개발법령상 환지방식에 의한 사업시행에 관한 설명으로 틀린 것은?

① 도시개발사업 시행자가 환지방식으로 사업을 시행하는 경우 환지계획에는 체비지(替費地) 또는 보류지(保留地)의 명세가 포함되어야 한다.

② 행정청이 아닌 시행자가 인가받은 환지계획 중 환지로 지정된 토지나 건축물을 금전으로 청산하는 경우에는 변경인가를 받아야 한다.

③ 지방공사인 시행자가 도시개발사업의 전부를 환지방식으로 시행하려고 할 때에는 도시개발사업의 시행규정을 작성하여야 한다.

④ 시행자는 체비지의 용도로 환지예정지가 지정된 경우에는 도시개발사업에 드는 비용을 충당하기 위하여 이를 처분할 수 있다.

⑤ 시행자는 환지방식이 적용되는 도시개발구역에 있는 조성토지 등의 가격을 평가할 때에는 토지평가협의회의 심의를 거쳐 결정하되, 그에 앞서 감정평가법인 등이 평가하게 하여야 한다.

47 도시개발법령상 환지처분에 관한 설명으로 틀린 것은?

① 환지계획에서 정한 환지는 그 환지처분이 공고된 날의 다음 날부터 종전 토지로 본다.

② 행정상 처분이나 재판상 처분으로서 종전의 토지에 전속(專屬)하는 것에 관하여는 영향을 미치지 아니한다.

③ 지정권자가 시행자인 경우 법 제51조에 따른 공사완료 공고가 있은 때에는 60일 이내에 환지처분을 하여야 한다.

④ 환지를 정한 경우 그 과부족분에 대한 청산금은 환지처분이 공고된 날에 확정한다.

⑤ 체비지는 시행자가 환지처분이 공고된 날의 다음 날에 소유권을 취득한다.

⑥ 보류지는 환지계획에서 정한 자가 환지처분이 공고된 날의 다음 날에 소유권을 취득한다.

48 도시개발법령상 조합인 시행자가 면적식으로 환지계획을 수립하여 환지방식에 의한 사업시행을 하는 경우, 환지계획구역의 평균 토지부담률(%)은 얼마인가? (단, 다른 조건은 고려하지 않음)

- 환지계획구역 면적 : 300,000m²
- 공공시설의 설치로 시행자에게 무상귀속되는 토지면적 : 30,000m²
- 시행자가 소유하는 토지면적 : 20,000m²
- 보류지 면적 : 162,500m²

① 40   ② 45

③ 50   ④ 55

⑤ 60

49 도시개발법령상 도시개발채권에 관한 설명으로 **틀린** 것은?

① 「국토의 계획 및 이용에 관한 법률」에 따른 토지 분할 허가를 받은 자는 도시개발채권을 매입하여야 한다.

② 도시개발채권은 「주식·사채 등의 전자등록에 관한 법률」에 따라 전자등록하여 발행하거나 무기명으로 발행할 수 있으며, 발행방법에 관한 세부적인 사항은 시·도의 조례로 정한다.

③ 시·도지사가 도시개발채권을 발행하려면 행정안전부장관의 승인을 받아야 한다.

④ 도시개발채권의 상환기간은 5년부터 10년까지의 범위에서 지방자치단체의 조례로 정한다.

⑤ 도시개발채권의 소멸시효는 상환일부터 기산하여 원금은 5년, 이자는 2년으로 한다.

출제예상

도시개발법령상 국가 또는 지방자치단체인 시행자에게 국고에서 전부를 보조하거나 융자할 수 있는 대상을 모두 고른 것은?

㉠ 항만·도로 및 철도의 공사비 ㉡ 하수도 및 폐기물처리시설의 공사비
㉢ 도시개발구역 안의 공동구의 공사비 ㉣ 이주단지의 조성비

① ㉠   ② ㉠, ㉡   ③ ㉠, ㉢

④ ㉠, ㉡, ㉢   ⑤ ㉠, ㉡, ㉢, ㉣

> 정답 ⑤

---

50 도시 및 주거환경정비법령상 도시·주거환경정비기본계획(이하 '기본계획'이라 함)에 관한 설명으로 **틀린** 것은?

① 광역시장이 기본계획을 수립하거나 변경하려면 관계 행정기관의 장과 협의한 후 지방도시계획위원회의 심의를 거쳐야 한다.

② 기본계획 수립권자는 기본계획을 수립하려는 경우에는 14일 이상 주민에게 공람하여 의견을 들어야 한다.

③ 대도시 시장은 기본계획의 내용 중 건폐율 및 용적률을 각 15%를 변경하는 경우에는 지방의회의 의견청취를 생략할 수 없다.

④ 기본계획에는 세입자에 대한 주거안정대책이 포함되어야 한다.

⑤ 기본계획의 작성방법은 국토교통부장관이 정한다.

51 도시 및 주거환경정비법령상 도시·주거환경정비기본계획(이하 '기본계획'이라 함)에 관한 설명으로 옳은 것은?

① 대도시 시장이 아닌 시장이 기본계획의 내용 중 사회복지시설 및 주민문화시설 등의 설치계획을 변경하는 경우에는 도지사의 승인을 받아야 한다.

② 대도시의 경우 도지사가 기본계획을 수립할 필요가 없다고 인정하는 경우에는 기본계획을 수립하지 아니할 수 있다.

③ 군수는 기본계획에 대하여 5년마다 타당성 여부를 검토하여 그 결과를 기본계획에 반영하여야 한다.

④ 기본계획의 수립권자는 기본계획에 생활권별 주거지의 정비·보전·관리의 방향이 포함된 경우에는 정비예정구역의 개략적인 범위 및 단계별 정비사업 추진계획을 생략할 수 있다.

⑤ 대도시 시장이 아닌 시장이 기본계획을 수립하거나 변경한 때에는 도지사에게 보고하여야 한다.

52 도시 및 주거환경정비법령상 정비계획을 변경하는 경우에 주민설명회, 주민공람 및 지방의회 의견청취 절차를 생략할 수 있는 경우가 <u>아닌</u> 것은?

① 건축물의 최고 높이를 변경하는 경우

② 건축물의 건폐율 또는 용적률을 10% 미만 범위에서 확대하는 경우

③ 재난방지에 관한 계획을 변경하는 경우

④ 정비사업 시행예정시기를 5년의 범위 안에서 조정하는 경우

⑤ 정비기반시설의 규모를 10% 미만 범위에서 변경하는 경우

53 도시 및 주거환경정비법령상 정비구역에서의 행위 중 시장·군수 등의 허가를 받지 않고 정비구역 안에서 할 수 있는 행위로 옳은 것은?

> ㉠ 농림수산물의 생산에 직접 이용되는 버섯재배사의 설치
> ㉡ 「건축법」에 따른 건축물의 대수선
> ㉢ 이동이 쉽지 아니한 물건을 2개월 동안 쌓아놓는 행위
> ㉣ 죽목의 벌채
> ㉤ 경작지에서의 관상용 죽목의 임시식재

① ㉠, ㉡   ② ㉡, ㉤

③ ㉢, ㉣   ④ ㉠, ㉡, ㉤

⑤ ㉠, ㉣, ㉤

54 도시 및 주거환경정비법령상 정비사업조합에 관한 설명으로 옳은 것은?

① 조합임원은 조합원 5분의 1 이상의 요구로 소집된 총회에서 조합원 과반수의 출석과 출석 조합원 과반수의 동의를 받아 해임할 수 있다.

② 재건축사업의 추진위원회가 조합을 설립하려는 경우에 주택단지가 아닌 지역이 정비구역에 포함된 때에는 주택단지가 아닌 지역의 토지 또는 건축물 소유자의 4분의 3 이상 및 토지면적 2분의 1 이상의 동의를 받아야 한다.

③ 재건축사업의 경우에는 조합원으로서 정비구역에 위치한 건축물과 그 부속토지를 5년 이상 소유하고 있는 자는 조합의 감사가 될 수 있다.

④ 예산으로 정한 사항 외에 조합원의 부담이 될 계약에 관한 사항은 대의원회에서 총회의 권한을 대행할 수 있다.

⑤ 토지등소유자의 수가 150명인 경우에는 이사의 수를 3명 이상으로 한다.

⑥ 퇴임된 임원이 퇴임 전에 관여한 행위는 그 효력을 잃는다.

─────────

출제예상

도시 및 주거환경정비법령상 조합총회의 의결사항 중 대의원회가 대행할 수 <u>없는</u> 사항을 모두 고른 것은?

ㄱ 조합의 합병
ㄴ 정비사업비 변경에 관한 사항
ㄷ 이사, 감사의 보궐선임
ㄹ 조합장의 해임
ㅁ 정비사업비의 조합원별 분담내역
ㅂ 정비사업전문관리업자의 변경

① ㄱ, ㄴ, ㄷ, ㄹ   ② ㄱ, ㄴ, ㄹ, ㅁ
③ ㄱ, ㄴ, ㄹ, ㅂ   ④ ㄱ, ㄴ, ㅁ, ㅂ
⑤ ㄱ, ㄴ, ㄹ, ㅁ, ㅂ

> 정답 ③

55 도시 및 주거환경정비법령상 조합이 정관을 변경하기 위하여 조합원 3분의 2 이상의 찬성이 필요한 사항이 <u>아닌</u> 것은?

① 조합임원의 수 및 업무범위
② 시공자 · 설계자의 선정 및 계약서에 포함될 사항
③ 정비구역의 위치 및 면적에 관한 사항
④ 조합의 비용부담 및 조합의 회계에 관한 사항
⑤ 정비사업비의 부담 시기 및 절차에 관한 사항

56 도시 및 주거환경정비법령상 재개발사업을 시행하기 위하여 조합을 설립하고자 할 때, 다음 표의 예시에서 산정되는 토지등소유자의 수로 옳은 것은? (단, 권리 관계는 제시된 것만 고려하며, 토지는 정비구역 안에 소재함)

지번	토지소유자	건축물 소유자	지상권자
1	A	B	
2	C		D
3	E		F
4	B	B	

① 3명   ② 4명
③ 5명   ④ 6명
⑤ 7명

57 도시 및 주거환경정비법령상 주민대표회의 등에 관한 설명으로 옳은 것은?

① 토지등소유자가 신탁업자의 사업시행을 원하는 경우에는 정비구역 지정 · 고시 후 주민대표회의를 구성하여야 한다.
② 주민대표회의는 위원장을 포함하여 5명 이상 20명 이하로 구성한다.
③ 주민대표회의는 토지등소유자 3분의 2 이상의 동의를 받아 구성한다.
④ 주민대표회의에는 위원장과 부위원장 각 1명과 1명 이상 3명 이하의 이사를 둔다.
⑤ 세입자는 사업시행자가 정비사업비의 부담의 사항에 관하여 시행규정을 정하는 때에 의견을 제시할 수 있다.

58 도시 및 주거환경정비법령상 정비사업의 시행에 관한 설명으로 옳은 것은?

① 인가받은 사업시행계획 중 건축물이 아닌 부대·복리시설의 위치를 변경하려는 때에는 시장·군수 등에게 신고하여야 한다.

② 재개발사업은 인가받은 관리처분계획에 따라 건축물을 건설하여 공급하는 방법 및 환지로 공급하는 방법을 혼용할 수 있다.

③ 주거환경개선사업을 위한 정비구역에서 오피스텔을 건축하는 경우에는 「국토의 계획 및 이용에 관한 법률」에 따른 준주거지역 및 상업지역에서만 건설할 수 있다.

④ 조합의 정관에는 정비사업이 종결된 때의 청산절차가 포함되어야 한다.

⑤ 조합설립인가 후 시장·군수 등이 지방공사를 사업시행자로 지정·고시한 때에는 그 고시일에 조합설립인가가 취소된 것으로 본다.

59 도시 및 주거환경정비법령상 관리처분계획에 관한 설명으로 틀린 것은?

① 시장·군수 등은 관리처분계획의 타당성 검증을 요청하는 경우에는 관리처분계획의 신청을 받은 날부터 60일 이내에 인가 여부를 결정하여 사업시행자에게 통지하여야 한다.

② 분양설계에 관한 계획은 분양신청기간이 만료되는 날을 기준으로 하여 수립한다.

③ 재개발사업의 시행자는 관리처분계획에 따라 정비기반시설 및 공동이용시설을 새로 설치하여야 한다.

④ 재개발사업에서 지방자치단체인 토지등소유자가 하나 이상의 주택 또는 토지를 소유한 경우에는 소유한 주택 수만큼 공급할 수 있다.

⑤ 주거환경개선사업의 관리처분은 정비구역 안의 지상권자에 대한 분양을 제외하여야 한다.

> 출제예상

도시 및 주거환경정비법령상 관리처분계획에 따른 처분 등에 관한 설명으로 틀린 것은?

① 정비사업의 시행으로 조성된 대지 및 건축물은 관리처분계획에 따라 처분 또는 관리하여야 한다.

② 분양신청기간은 20일의 범위에서 한 차례만 연장할 수 있다.

③ 기숙사 용도로 주택을 소유하고 있는 토지등소유자에게는 소유한 주택 수만큼 주택을 공급할 수 있다.

④ 국토교통부장관은 정비구역에서 바닥면적이 $50m^2$인 사실상 주거를 위하여 사용하는 건축물을 소유한 자로서 토지를 소유하지 아니한 자의 요청이 있는 경우에는 인수한 임대주택의 일부를 토지임대부 분양주택으로 전환하여 공급하여야 한다.

⑤ 사업시행자는 분양신청을 받은 후 잔여분이 있는 경우에는 사업시행계획으로 정하는 목적을 위하여 보류지로 정할 수 있다.

> 정답 ④

60 도시 및 주거환경정비법령상 관리처분계획에 관한 설명으로 옳은 것은?

① 사업시행자의 변동에 따른 권리·의무의 변동이 있는 경우로서 분양설계의 변동을 수반하는 경우에는 시장·군수 등에게 신고하여야 한다.

② 토지주택공사 등은 조합이 요청하는 경우 재개발사업의 시행으로 건설된 임대주택을 인수하여야 한다.

③ 관리처분계획 인가고시가 있은 때에는 종전의 토지의 임차권자는 사업시행자의 동의를 받더라도 소유권의 이전고시가 있는 날까지 종전의 토지를 사용할 수 없다.

④ 재건축사업의 관리처분은 조합이 조합원 전원의 동의를 받더라도 법령상 정해진 관리처분 기준과 달리 정할 수 없다.

⑤ 지분형 주택의 공동소유기간은 20년의 범위에서 사업시행자가 정하는 기간으로 한다.

61 도시 및 주거환경정비법령상 공사완료에 따른 조치 등에 관한 설명으로 옳은 것을 모두 고른 것은?

> ㉠ 사업시행자인 지방공사가 정비사업 공사를 완료한 때에는 시장·군수 등의 준공인가를 받지 않아도 된다.
> ㉡ 대지 또는 건축물을 분양받을 자는 소유권 이전고시가 있은 날의 다음 날에 그 대지 또는 건축물의 소유권을 취득한다.
> ㉢ 청산금을 지급받을 권리 또는 이를 징수할 권리는 소유권 이전의 고시일로부터 5년간 행사하지 아니하면 소멸한다.
> ㉣ 정비구역에 있는 토지 또는 건축물에 저당권을 설정한 권리자는 사업시행자가 저당권이 설정된 토지 또는 건축물의 소유자에게 청산금을 지급하기 전에 압류절차를 거쳐 저당권을 행사할 수 있다.
> ㉤ 준공인가에 따라 정비구역의 지정이 해제되면 조합도 해산된 것으로 본다.

① ㉡, ㉣   ② ㉠, ㉡

③ ㉠, ㉡, ㉣   ④ ㉢, ㉣, ㉤

⑤ ㉠, ㉡, ㉢, ㉣

출제예상

도시 및 주거환경정비법령상 국가 또는 지방자치단체가 시장·군수 등이 아닌 시행자에게 필요한 비용의 80퍼센트 이내에서 융자하거나 융자를 알선할 수 있는 사항이 <u>아닌</u> 것은? (단, 조례는 고려하지 않음)

① 기초조사비   ② 정비기반시설 및 임시거주시설 사업비

③ 세입자 보상비   ④ 주민 이주비

⑤ 조합운영경비

> 정답 ⑤

62 건축법령상 용어에 관한 설명으로 옳은 것은?

① 건축물의 지붕틀을 해체하여 같은 대지의 다른 위치로 옮기는 것은 이전에 해당한다.

② 내력벽, 사이 기둥, 바닥, 보, 지붕틀 및 주계단은 건축물의 주요구조부에 해당한다.

③ 기존 건축물이 있는 대지에서 건축물의 내력벽을 증설하여 연면적을 늘리는 것은 증축에 해당한다.

④ 층수가 15층이고 바닥면적의 합계가 6,000m²인 일반숙박시설은 다중이용건축물에 해당한다.

⑤ 건축물이 초고층건축물에 해당하려면 층수가 50층 이상이고 높이가 200m 이상이어야 한다.

63 건축법령상 건축법이 모두 적용되지 않는 건축물만을 모두 고른 것은? (단, 건축법 이외의 특례는 고려하지 않음)

> ㉠ 「문화유산의 보존 및 활용에 관한 법률」에 따른 지정문화유산
> ㉡ 철도의 선로 부지에 있는 플랫폼
> ㉢ 공공도서관
> ㉣ 고속도로 통행료 징수시설
> ㉤ 「하천법」에 따른 하천구역 내의 수문조작실

① ㉠, ㉡, ㉢　　　　　　　　　② ㉠, ㉡, ㉣
③ ㉠, ㉡, ㉤　　　　　　　　　④ ㉠, ㉡, ㉣, ㉤
⑤ ㉠, ㉡, ㉢, ㉣, ㉤

64 건축법령상 특별자치시장·특별자치도지사 또는 시장·군수·구청장에게 신고하고 축조하여야 하는 공작물에 해당하는 것은? (단, 건축물과 분리하여 축조한 경우이며, 공용건축물에 관한 특례 규정은 고려하지 않음)

① 바닥면적 25제곱미터의 지하대피호

② 높이 4미터의 기념탑

③ 높이 7미터의 고가수조

④ 높이 5미터의 「신에너지 및 재생에너지 개발·이용·보급촉진법」에 따른 태양에너지를 이용한 발전설비

⑤ 높이 7미터의 골프연습장 등의 운동시설을 위한 철탑

건축법령상 지구단위계획구역이 아닌 농림지역으로서 동이나 읍이 아닌 지역에서 적용하지 않는 규정으로 옳은 것은?

① 「건축법」제40조 대지의 안전 등
② 「건축법」제45조 도로의 지정·폐지 또는 변경
③ 「건축법」제55조 건폐율
④ 「건축법」제56조 용적률
⑤ 「건축법」제58조 대지 안의 공지

> 정답 ②

65 건축법령상 대수선에 해당하는 것을 모두 고른 것은?

> ㉠ 기둥을 4개 변경하는 것
> ㉡ 방화구획을 위한 벽을 20m² 수선하는 것
> ㉢ 기존 건축물이 있는 대지에서 특별피난계단을 증설하여 건축면적을 늘리는 것
> ㉣ 내력벽의 벽면적을 40m² 수선하는 것
> ㉤ 건축물의 주요구조부를 해체하지 아니하고 같은 대지의 다른 위치로 옮기는 것

① ㉠, ㉡, ㉣
② ㉠, ㉢, ㉣
③ ㉠, ㉢, ㉤
④ ㉡, ㉢, ㉣, ㉤
⑤ ㉠, ㉢, ㉣, ㉤

66 건축법령상 甲은 A광역시 B구에서 건축물의 용도를 변경하려고 한다. 건축법령상 이에 관한 설명으로 옳은 것은?

① 독서실을 무도학원으로 용도를 변경하는 경우에는 B구청장에게 신고를 하여야 한다.
② 위락시설을 숙박시설로 용도를 변경하는 경우에는 B구청장에게 허가를 받아야 한다.
③ 제2종 근린생활시설 중 다중생활시설을 동물병원으로 용도를 변경하는 경우에는 A광역시장에게 신고하여야 한다.
④ B구청장은 甲이 종교시설과 운동시설의 복수 용도로 용도변경을 신청한 경우 지방건축위원회의 심의를 거쳐 이를 허용할 수 있다.
⑤ 신고대상인 경우로서 용도변경하려는 부분의 바닥면적의 합계가 600m²인 경우에는 그 설계는 건축사가 하여야 한다.
⑥ 허가대상인 경우로서 용도변경하려는 부분의 바닥면적의 합계가 800m²인 경우에는 사용승인을 받지 않아도 된다.

67 건축법령상 시장·군수가 건축허가를 하기 위해 도지사의 사전승인을 받아야 하는 건축물로 옳은 것은?

① 연면적의 10분의 3을 증축하여 층수가 21층이 되는 창고

② 주거환경을 보호하기 위하여 도지사가 지정·공고한 구역에 건축하는 연면적의 합계가 700m²이고 2층인 다중생활시설

③ 수질을 보호하기 위하여 도지사가 지정·공고한 구역에 건축하는 연면적의 합계가 1,500m²인 3층의 안마시술소

④ 연면적의 10분의 4를 증축하여 연면적의 합계가 10만m²인 공장

⑤ 자연환경을 보호하기 위하여 도지사가 지정·공고한 구역에 건축하는 연면적의 합계가 2,000m²인 4층의 아동복지시설

68 건축법령상 건축신고를 하면 건축허가를 받은 것으로 볼 수 있는 경우만을 모두 고른 것은?

> ㉠ 연면적 150m²인 2층 건축물의 대수선
> ㉡ 연면적 300m²인 2층 건축물의 기둥 4개를 수선
> ㉢ 연면적 250m²인 3층 건축물의 방화벽 증설
> ㉣ 바닥면적 100m²인 단층 건축물의 신축
> ㉤ 1층 바닥면적 60m², 2층 바닥면적 30m²인 2층 건축물의 신축

① ㉠, ㉡, ㉣   ② ㉠, ㉢, ㉣

③ ㉠, ㉢, ㉤   ④ ㉡, ㉢, ㉣, ㉤

⑤ ㉠, ㉡, ㉣, ㉤

(출제예상)

건축법령상 건축허가와 건축신고에 관한 설명으로 틀린 것은?

① 건축허가를 받은 건축물의 공사감리자를 변경하려면 신고를 하여야 한다.

② 건축신고를 한 자가 신고일부터 1년 이내에 공사에 착수하지 아니하면 그 신고의 효력이 없어진다.

③ 연면적이 180m²이고 3층인 건축물의 대수선은 건축허가 대상이다.

④ 건축법상 건축허가를 받으면 「사도법」에 따른 사도개설허가를 받은 것으로 본다.

⑤ 연면적의 합계가 300m²인 건축물의 높이를 3m 증축할 경우 건축허가 대상이다.

> 정답 ⑤

---

69 건축법령상 건축허가의 제한 및 착공제한에 관한 설명으로 **틀린** 것은?

① 국토교통부장관은 건축허가나 착공을 제한하는 경우 제한목적·기간, 대상 건축물의 용도와 대상 구역의 위치·면적·경계를 지체 없이 공고하여야 한다.

② 특별시장·광역시장·도지사는 지역계획 또는 도시·군계획에 특히 필요하다고 인정하면 시장·군수 또는 구청장의 건축허가를 제한할 수 있다.

③ 국토교통부장관은 문화체육관광부장관이 국가유산의 보존을 위하여 요청하면 허가권자의 건축허가를 제한할 수 있다.

④ 건축허가나 착공을 제한하는 경우 제한기간은 2년 이내로 하되, 1회에 한하여 1년 이내의 범위에서 연장할 수 있다.

⑤ 특별시장·광역시장·도지사가 건축허가를 제한한 경우 즉시 국토교통부장관에게 보고하여야 하며, 보고를 받은 국토교통부장관은 제한의 내용이 지나치다고 인정하면 해제를 명할 수 있다.

70 건축법령상 대지의 조경 및 공개공지 등에 관한 설명으로 **틀린** 것은? (단, 건축법상 특례는 고려하지 않음)

① 도시·군계획시설에 건축하는 가설건축물의 경우에는 조경 등의 조치를 하지 아니할 수 있다.

② 면적이 5,000㎡ 미만인 대지에 건축하는 공장에 대하여는 조경 등의 조치를 하지 아니할 수 있다.

③ 대지에 공개공지 등을 확보하여야 하는 건축물의 경우 공개공지 등을 설치하는 경우에는 대지면적에 대한 공개공지 등 면적 비율에 따라 해당 지역에 적용하는 용적률의 1.2배 이하의 범위에서 완화하여 적용한다.

④ 자연녹지지역에 건축하는 연면적이 600㎡인 노유자시설은 조경 등의 조치를 하지 아니할 수 있다.

⑤ 준주거지역의 건축물에 설치하는 공개공지 등의 면적은 건축면적의 100분의 10 이하의 범위에서 건축조례로 정한다.

71 건축법령상 공개공지 등을 설치하여야 하는 건축물로 옳은 것은?

① 일반주거지역에 건축하는 해당 용도로 쓰는 바닥면적의 합계가 6,000㎡인 한방병원

② 준주거지역에 건축하는 해당 용도로 쓰는 바닥면적의 합계가 5,000㎡인 관광호텔

③ 중심상업지역에 건축하는 해당 용도로 쓰는 바닥면적의 합계가 7,000㎡인 카지노영업소

④ 준공업지역에 건축하는 해당 용도로 쓰는 바닥면적의 합계가 8,000㎡인 도서관

⑤ 일반공업지역에 건축하는 해당 용도로 쓰는 바닥면적의 합계가 7,000㎡인 여객자동차터미널

72 건축법령상 대지와 도로 등에 관한 설명으로 옳은 것은?

① 시장·군수·구청장은 건축물의 위치나 환경을 정비하기 위하여 필요하다고 인정하면 관리지역에서 4m 이하의 범위에서 건축선을 따로 지정할 수 있다.

② 연면적의 합계가 2,000㎡인 작물재배사의 대지는 너비 6m 이상의 도로에 4m 이상 접하여야 한다.

③ 도로면으로부터 높이 4.5m 이하에 있는 출입구, 창문, 그 밖에 이와 유사한 구조물은 열고 닫을 때 건축선의 수직면을 넘는 구조로 할 수 있다.

④ 건축물과 담장의 지표 위 부분은 건축선의 수직면을 넘어서는 아니 된다.

⑤ 이해관계인이 해외에 거주하는 등 이해관계인의 동의를 받기가 곤란하다고 허가권자가 인정하는 경우에는 이해관계인의 동의 없이 건축위원회의 심의를 거쳐 도로를 변경할 수 있다.

73 건축법령상 1,000㎡의 대지에 건축한 건축물의 용적률은 얼마인가? (단, 제시된 조건 외에 다른 조건은 고려하지 않음)

- 하나의 건축물로서 지하 2개층, 지상 6개층으로 구성되어 있으며, 지붕은 평지붕임
- 건축면적은 500㎡이고 지하층 포함 각 층의 바닥면적은 450㎡로 동일함
- 지하 2층은 전부 주차장, 지하 1층은 일반음식점으로 사용됨
- 지상 6개 층은 전부 업무시설로 사용됨

① 240%   ② 270%
③ 315%   ④ 360%
⑤ 400%

74 건축법령상 건축물의 가구·세대 등 간 소음방지를 위한 층간바닥(화장실의 바닥은 제외)을 설치하여야 하는 경우에 해당하지 <u>않는</u> 것은?

① 업무시설 중 오피스텔   ② 제2종 근린생활시설 중 다중생활시설
③ 단독주택 중 다가구주택   ④ 숙박시설 중 다중생활시설
⑤ 노유자시설 중 노인요양시설

75 건축법령상 고층건축물의 피난시설에 관한 내용으로 (   )에 들어갈 내용을 옳게 연결한 것은? (단, 주어진 조건 외에 다른 조건은 고려하지 않음)

> 층수가 45층이고 높이가 180m인 (㉠) 건축물에는 피난층 또는 지상으로 통하는 직통계단과 직접 연결되는 피난안전구역을 해당 건축물 전체 층수의 (㉡)에 해당하는 층으로부터 상하 (㉢)개 층 이내에 1개소 이상 설치하여야 한다.

① ㉠: 준초고층, ㉡: 2분의 1, ㉢: 5　　② ㉠: 초고층, ㉡: 3분의 1, ㉢: 5
③ ㉠: 준초고층, ㉡: 4분의 1, ㉢: 4　　④ ㉠: 초고층, ㉡: 2분의 1, ㉢: 4
⑤ ㉠: 준초고층, ㉡: 2분의 1, ㉢: 6

76 건축법령상 다음의 예시에서 정한 건축물의 높이로 옳은 것은?

> • 건축물의 용도 : 판매시설
> • 건축면적 : 560m²
> • 층고가 4m인 5층 건축물
> • 옥상에 설치된 장식탑 : 높이가 15m이고, 수평투영면적이 60m²

① 20m　　　　　　　② 23m　　　　　　　③ 29m
④ 35m　　　　　　　⑤ 42m

77 건축법령상 건축물의 높이 제한에 관한 설명으로 옳은 것은? (단, 건축법에 따른 적용 특례 및 조례는 고려하지 않음)

① 전용주거지역에서 높이가 10m 이하인 건축물을 건축하는 경우에는 일조 등의 확보를 위하여 정북방향의 인접대지 경계선으로부터 건축물 각 부분 높이의 2분의 1 이상 떨어 건축하여야 한다.

② 시장·군수·구청장은 도시의 관리를 위하여 필요하면 가로구역별 건축물의 높이를 시·군·구 조례로 정할 수 있다.

③ 제3종 일반주거지역 안에서 건축하는 건축물에 대하여는 일조 등의 확보를 위한 높이 제한이 적용된다.

④ 일반상업지역에 건축하는 공동주택으로서 하나의 대지에 두 동(棟) 이상을 건축하는 경우에는 채광의 확보를 위한 높이 제한에 관한 규정이 적용된다.

⑤ 3층 이하로서 높이가 12m 이하인 건축물에는 해당 지방자치단체의 조례로 정하는 바에 따라 일조 등의 확보를 위한 높이 제한에 관한 규정을 적용하지 아니할 수 있다.

78 건축법령상 건축물의 면적 등의 산정방법으로 옳은 것은?

① 건축물 지상층에 일반인이나 차량이 통행할 수 있도록 설치된 보행통로나 차량통로는 건축면적에 산입하지 아니한다.

② 경사진 형태의 지붕인 경우에는 층고가 2m인 다락의 경우에는 바닥면적에 산입하지 아니한다.

③ 건축물의 1층이 공중의 통행이나 차량의 통행 또는 주차에 전용되는 필로티인 경우에는 그 면적은 바닥면적에 산입한다.

④ 경사지붕 아래에 설치하는 대피공간의 면적은 용적률을 산정할 때 연면적에 포함한다.

⑤ 공동주택으로서 지상층에 설치한 기계실, 전기실, 어린이 놀이터, 조경시설은 바닥면적에 산입한다.

79 건축법령상 특별건축구역에 관한 설명으로 옳은 것은?

① 시·도지사는 「택지개발촉진법」에 따른 택지개발사업구역을 특별건축구역으로 지정할 수 없다.

② 「자연공원법」에 따른 자연공원은 특별건축구역으로 지정될 수 있다.

③ 특별건축구역에서의 건축기준의 특례사항은 한국토지주택공사가 건축하는 건축물에 적용되지 않는다.

④ 특별건축구역에서 「도시공원 및 녹지 등에 관한 법률」에 따른 공원의 설치에 관한 규정은 개별 건축물마다 적용하지 아니하고 특별건축구역의 전부 또는 일부를 대상으로 통합하여 적용할 수 있다.

⑤ 특별건축구역을 지정한 경우에는 「국토의 계획 및 이용에 관한 법률」에 따른 용도지역·지구·구역의 지정이 있는 것으로 본다.

80 건축법령상 건축협정에 관한 설명으로 틀린 것은?

① 건축물의 소유자 등은 전원의 합의로 건축물의 건축·대수선 또는 리모델링에 관한 건축협정을 체결할 수 있다.

② 건축협정은 건축물의 지붕 및 외벽의 형태에 관한 사항을 포함하여야 한다.

③ 건축협정 체결 대상 토지가 둘 이상의 특별자치시 또는 시·군·구에 걸치는 경우 건축협정 체결 대상 토지면적의 과반(過半)이 속하는 건축협정인가권자에게 인가를 신청할 수 있다.

④ 건축협정을 폐지하려면 협정체결자 과반수의 동의를 받아 건축협정인가권자에게 인가를 받아야 한다.

⑤ 건축협정의 인가를 받은 건축협정구역에서 연접한 대지에 대하여는 지하층의 설치에 관한 규정을 개별 건축물마다 적용하여야 한다.

81 주택법령상 용어에 관한 설명으로 옳은 것은?

① 단독주택에는 「건축법 시행령」에 따른 단독주택, 다중주택, 공관이 포함된다.

② 지방공사가 수도권에 건설한 주거전용면적이 1세대당 70㎡인 연립주택은 국민주택에 해당한다.

③ 「혁신도시 조성 및 발전에 관한 특별법」에 따른 혁신도시개발사업에 의하여 개발·조성되는 단독주택이 건설되는 용지는 공공택지에 해당한다.

④ 간선시설이란 도로·상하수도·전기시설·가스시설·통신시설·지역난방시설 등을 말한다.

⑤ 주택단지에 해당하는 토지가 폭 15m인 일반도로로 분리된 경우, 분리된 토지는 각각 별개의 주택단지로 본다.

⑥ 공구란 하나의 주택단지에서 둘 이상으로 구분되는 일단의 구역으로서 전체 세대수는 300세대 이상으로 해야 한다.

82 주택법령상 도시형 생활주택에 관한 설명으로 옳은 것을 모두 고른 것은?

> ㉠ 하나의 건축물에는 단지형 연립주택 또는 단지형 다세대주택과 소형 주택을 함께 건축할 수 있다.
> ㉡ 사업등록이 필요한 경우로서 연간 20세대 이상의 도시형 생활주택을 건설하려는 자는 국토교통부장관에게 등록하여야 한다.
> ㉢ 「수도권정비계획법」에 따른 수도권의 경우 도시형 생활주택 중 소형 주택은 세대별 주거전용면적이 60㎡ 이하이어야 한다.
> ㉣ 「국토의 계획 및 이용에 관한 법률」에 따른 상업지역에서는 하나의 건축물에 소형 주택과 도시형 생활주택이 아닌 주택을 함께 건축할 수 있다.

① ㉠

② ㉠, ㉡

③ ㉡, ㉢

④ ㉢, ㉣

⑤ ㉠, ㉡, ㉢, ㉣

83 주택법령상 용어에 관한 설명으로 옳은 것을 모두 고른 것은?

> ㉠ 폭 12m인 도시계획예정도로로 분리된 토지는 각각 별개의 주택단지이다.
> ㉡ 「건축법 시행령」에 따른 다중생활시설은 준주택에 해당한다.
> ㉢ 300세대인 국민주택규모의 단지형 연립주택은 도시형 생활주택에 해당한다.
> ㉣ 기존 층수가 16층인 건축물에 수직증축형 리모델링이 허용되는 경우에는 2개층까지 증축할 수 있다.

① ㉠

② ㉠, ㉡

③ ㉡, ㉢

④ ㉠, ㉡, ㉢

⑤ ㉠, ㉡, ㉢, ㉣

주택법령상 등록사업자의 주택건설공사 시공기준에 관한 규정의 일부이다. (　　)에 들어갈 숫자를 바르게 나열한 것은?

> 제17조(등록사업자의 주택건설공사 시공기준) ① 법 제7조에 따라 주택건설공사를 시공하려는 등록사업자는 다음 각 호의 요건을 모두 갖추어야 한다.
> 1. 자본금이 (㉠)억원(개인인 경우에는 자산평가액이 10억원) 이상일 것
> 2. 건설기준 진흥법 시행령 별표 1에 따른 건축 분야 및 토목 분야 기술인 (㉡)명 이상을 보유하고 있을 것 〈이하 생략〉
> 3. 최근 5년간의 주택건설 실적이 (㉢)호 또는 (㉢)세대 이상일 것

① ㉠: 3, ㉡: 5, ㉢: 100
② ㉠: 5, ㉡: 3, ㉢: 100
③ ㉠: 5, ㉡: 3, ㉢: 200
④ ㉠: 6, ㉡: 5, ㉢: 300
⑤ ㉠: 7, ㉡: 1, ㉢: 500

> 정답 ②

84 주택법령상 주택조합에 관한 설명으로 옳은 것은?

① 국민주택을 공급받기 위하여 직장주택조합을 설립하려는 자는 관할 시장·군수·구청장의 인가를 받아야 한다.

② 업무대행자의 선정·변경 및 업무대행계약의 체결에 관한 사항을 의결하는 총회의 경우에는 조합원 100분의 10 이상이 직접 출석하여야 한다.

③ 주거전용면적이 85㎡ 이하인 주택 1채를 소유하고 있는 세대주인 자는 국민주택을 공급받기 위하여 설립하는 직장주택조합의 조합원이 될 수 있다.

④ 조합설립인가를 받은 후 추가모집되는 자와 충원되는 자의 조합원 자격요건을 갖추었는지를 판단할 때에는 해당 조합설립인가일을 기준으로 판단한다.

⑤ 지역주택조합의 경우 조합원 추가모집 승인과 조합원 추가모집에 따른 주택조합의 변경인가 신청은 사업계획승인신청일까지 하여야 한다.

85 주택법령상 주택조합에 관한 설명으로 틀린 것은?

① 지역주택조합은 설립인가를 받은 날부터 2년 이내에 사업계획승인을 신청하여야 한다.

② 지역주택조합의 설립인가를 받으려는 자는 해당 주택건설대지의 80% 이상에 해당하는 토지의 사용권원을 확보하고, 해당 주택건설대지의 15% 이상에 해당하는 토지의 소유권을 확보하여야 한다.

③ 국토교통부장관은 주택조합의 원활한 사업추진 및 조합원의 권리 보호를 위하여 공정거래위원회 위원장과 협의를 거쳐 표준업무대행계약서를 작성·보급할 수 있다.

④ 지역주택조합은 임대주택으로 건설·공급하여야 하는 세대수를 포함한 주택건설예정세대수의 50% 이상의 조합원으로 구성하되, 조합원은 20명 이상이어야 한다.

⑤ 조합원 공개모집 이후에 조합원의 사망으로 결원을 충원하는 경우에는 시장·군수·구청장에게 신고하지 아니하고 선착순의 방법으로 조합원을 모집할 수 있다.

86 주택법령상 주택조합의 가입철회 및 가입비 등의 반환에 관한 설명으로 옳은 것은?

① 주택조합의 가입을 신청한 자는 가입비 등을 예치한 날부터 15일 이내에 주택조합 가입에 관한 청약을 철회할 수 있다.

② 모집주체는 주택조합의 가입을 신청한 자가 청약철회를 한 경우 청약 철회 의사가 도달한 날부터 5일 이내에 예치기관의 장에게 가입비 등의 반환을 요청하여야 한다.

③ 청약 철회를 서면으로 하는 경우에는 청약 철회의 의사표시가 서면으로 도달한 날에 그 효력이 발생한다.

④ 예치기관의 장은 가입비 등의 반환 요청을 받은 경우에는 요청일부터 10일 이내에 그 가입비 등을 예치한 자에게 반환하여야 한다.

⑤ 모집주체는 주택조합의 가입을 신청한 자에게 청약 철회를 이유로 위약금 또는 손해배상을 청구할 수 있다.

87 주택법령상 주택상환사채에 관한 설명으로 옳은 것은?

① 지방공사가 주택상환사채를 발행하려면 금융기관 또는 주택도시보증공사의 보증을 받지 않아도 된다.

② 주택상환사채의 상환기간은 주택상환사채발행일부터 주택의 공급계약체결일까지의 기간으로 한다.

③ 주택상환사채를 발행하려는 자는 주택상환사채발행계획을 수립하여 행정안전부장관의 승인을 받아야 한다.

④ 등록사업자의 등록이 말소된 경우에는 등록사업자가 발행한 주택상환사채의 효력은 상실된다.

⑤ 주택상환사채의 납입금은 주택건설자재를 구입하는 용도로는 사용할 수 없다.

88 주택법령상 사업계획승인에 관한 설명으로 <u>틀린</u> 것은?

① 한국토지주택공사인 사업주체가 A광역시 B구에서 대지면적 15만㎡에 80호의 한옥 건설 사업을 시행하려는 경우에는 국토교통부장관으로부터 사업계획승인을 받아야 한다.

② 주택건설사업을 시행하려는 자는 전체 세대수가 600세대 이상인 주택단지는 공구별로 분할하여 주택을 건설·공급할 수 있다.

③ 사업주체는 최초로 공사를 진행하는 공구 외의 공구에서는 해당 주택단지에 대한 사업계획승인을 받은 날부터 5년 이내에 공사를 시작하여야 한다.

④ 사업계획승인권자는 사업계획승인의 신청을 받았을 때에는 정당한 사유가 없으면 신청받은 날부터 60일 이내에 사업주체에게 승인 여부를 통보하여야 한다.

⑤ 사업주체가 공공택지의 개발·조성을 위한 계획에 포함된 기반시설의 설치 지연으로 공사 착수가 지연되어 연장신청을 한 경우, 사업계획승인권자는 그 분쟁이 종료된 날부터 1년의 범위에서 공사 착수기간을 연장할 수 있다.

89 주택법령상 사업계획승인에 관한 설명으로 <u>틀린</u> 것은?

① 「주택도시기금법」에 따라 주택분양보증을 받은 사업주체가 부도·파산 등으로 공사의 완료가 불가능한 경우 사업계획승인권자는 사업계획승인을 취소할 수 있다.

② 사업계획승인권자는 공사의 착공신고를 받은 날부터 20일 이내에 신고수리 여부를 신고인에게 통지하여야 한다.

③ 사업계획승인권자가 사업계획을 승인할 때 「광업법」에 따른 채굴계획의 인가에 관하여 협의한 사항에 대하여는 해당 인가를 받은 것으로 본다.

④ 주택조합이 사업주체인 경우 건축물의 설계와 용도별 위치를 변경하지 아니하는 범위에서의 도로선형의 변경은 사업계획변경승인을 받아야 한다.

⑤ 지방공사가 동일한 규모의 주택을 대량으로 건설하는 경우에는 국토교통부장관에게 주택의 형별로 표본설계도서를 작성·제출하여 승인을 받을 수 있다.

90 주택법령상 사업계획승인을 받은 사업주체에게 인정되는 매도청구권에 관한 설명으로 옳은 것은?

① 사업주체는 매도청구의 대상이 되는 대지의 소유자에게 그 대지를 공시지가로 매도할 것을 청구할 수 있다.

② 사업주체가 주택건설대지면적 중 85%에 대하여 사용권원을 확보한 경우, 사용권원을 확보하지 못한 대지의 모든 소유자에게 매도를 청구할 수 있다.

③ 주택건설사업계획승인을 받은 사업주체는 매도청구대상이 되는 대지의 소유자와 6개월 이상 협의를 하여야 한다.

④ 사업주체가 주택건설대지면적 중 90%에 대하여 사용권원을 확보한 경우, 사용권원을 확보하지 못한 대지의 소유자 중 지구단위계획구역 결정·고시일 10년 이전에 해당 대지의 소유권을 취득하여 계속 보유한 자에 대하여 매도청구를 할 수 없다.

⑤ 주택건설대지 중 사용권원을 확보하지 못한 건축물이 있는 경우 그 건축물은 매도청구의 대상이 되지 않는다.

91 주택법령상 주택의 공급 및 분양가상한제에 관한 설명으로 옳은 것은?

① 「공공주택특별법」에 따른 도심 공공주택 복합사업에서 건설·공급하는 주택은 분양가상한제를 적용하지 아니한다.

② 시장·군수·구청장은 마감자재 목록표와 영상물 등을 사용검사가 있은 날부터 5년 이상 보관하여야 하며, 입주자가 열람을 요구하는 경우에는 이를 공개하여야 한다.

③ 「도시재생 활성화 및 지원에 관한 특별법」에 따른 주거재생혁신지구에서 시행하는 혁신지구재생사업에서 건설·공급하는 주택은 분양가상한제의 적용을 받는다.

④ 국토교통부장관은 투기과열지구로 지정된 지역 중 분양가상한제적용직전월부터 소급하여 3개월간의 주택매매거래량이 전년 동기 대비 10% 증가한 지역을 분양가상한제 적용지역으로 지정할 수 있다.

⑤ 사업주체는 공공택지 외의 택지에서 공급되는 분양가 상한제 적용주택에 대하여 입주자모집 승인을 받았을 때에는 입주자모집공고에 분양가격을 공시하여야 한다.

92 주택법령상 투기과열지구 및 전매제한에 관한 설명으로 옳은 것은?

① 시·도지사는 투기과열지구지정직전월의 주택분양실적이 전달보다 30% 이상 증가한 지역을 투기과열지구로 지정할 수 있다.

② 국토교통부장관이 투기과열지구를 지정하거나 해제할 경우에는 시장·군수·구청장의 의견을 들어야 한다.

③ 사업주체가 공공택지 외의 택지에서 건설·공급하는 주택을 공급하는 경우에는 그 주택의 소유권을 제3자에게 이전할 수 없음을 소유권에 관한 등기에 부기등기하여야 한다.

④ 등록사업자인 사업주체가 투기과열지구에서 건설·공급하는 주택을 세대원 일부가 3년간 해외에 체류하게 되어 한국토지주택공사의 동의를 받아 전매하는 경우 전매제한이 적용되지 않는다.

⑤ 국토교통부장관은 1년마다 주거정책심의위원회의 회의를 소집하여 투기과열지구로 지정된 지역별로 해당 지역의 주택가격 안정 여건의 변화 등을 고려하여 투기과열지구 지정의 유지 여부를 재검토하여야 한다.

93 주택법령상 조정대상지역 중 과열지역에 관한 조문의 일부이다. (   )에 들어갈 내용으로 옳은 것은?

> 조정대상지역지정직전월부터 소급하여 3개월간의 해당 지역 주택가격상승률이 해당 지역이 포함된 시·도 소비자물가상승률의 (㉠)배를 초과한 지역으로서 다음 각 목의 어느 하나에 해당하는 지역을 말한다.
> 1. 조정대상지역지정직전월부터 소급하여 주택공급이 있었던 2개월 동안 해당 지역에서 공급되는 주택의 월평균 청약경쟁률이 모두 (㉡)을 초과하였거나 국민주택규모 주택의 월평균 청약경쟁률이 모두 10대 1을 초과한 지역
> 2. 조정대상지역지정직전월부터 소급하여 3월간의 분양권(주택의 입주자로 선정된 지위를 말한다) 전매거래량이 직전 연도의 같은 기간보다 (㉢)퍼센트 이상 증가한 지역
> 3. 해당 지역이 속하는 시·도의 주택보급률 또는 자가주택비율이 전국 평균 (㉣)인 지역

① ㉠: 1.5,   ㉡: 3대 1,   ㉢: 50,   ㉣: 초과
② ㉠: 1.3,   ㉡: 2대 1,   ㉢: 20,   ㉣: 이하
③ ㉠: 1.5,   ㉡: 5대 1,   ㉢: 30,   ㉣: 초과
④ ㉠: 1.3,   ㉡: 5대 1,   ㉢: 30,   ㉣: 이하
⑤ ㉠: 1.3,   ㉡: 5대 1,   ㉢: 20,   ㉣: 이하

94 주택법령상 주택의 전매행위 제한 등에 관한 설명으로 옳은 것은?

① 제한되는 전매에는 매매·증여·상속이나 그 밖의 권리의 변동을 수반하는 모든 행위를 말한다.
② 이혼으로 인하여 입주자로 선정된 지위 또는 주택을 그 배우자에게 이전하는 경우에는 한국토지주택공사의 동의 없이도 전매할 수 있다.
③ 세대주의 근무 또는 생업상 사정으로 인하여 세대원 전원이 수도권 안에서 이전하는 경우에는 한국토지주택공사의 동의를 받아 전매할 수 있다.
④ 상속에 따라 주택을 취득하여 세대원 일부가 그 주택으로 이전하는 경우에는 한국토지주택공사의 동의를 받아 전매할 수 있다.
⑤ 분양가상한제 적용주택을 공급받은 자가 전매하는 경우에는 한국토지주택공사가 그 주택을 우선 매입할 수 있다.

95 주택법령상 주택의 공급과 관련하여 금지되는 공급질서 교란행위에 해당하지 <u>않는</u> 것은?

① 한국토지주택공사가 발행한 주택상환사채의 증여
② 주택을 공급받을 수 있는 조합원 지위의 매매
③ 입주자저축증서의 저당
④ 시장·군수·구청장이 발행한 무허가건물확인서를 매매할 목적으로 하는 광고
⑤ 공공사업의 시행으로 인한 이주대책에 따라 주택을 공급받을 수 있는 지위의 매매

96 주택법령상 리모델링에 관한 설명으로 **틀린** 것은?

① 입주자 전체의 동의를 받은 관리주체가 리모델링하려는 경우에는 시장·군수·구청장의 허가를 받아야 한다.

② 리모델링 기본계획을 수립하거나 변경하려면 14일 이상 주민에게 공람하고, 지방의회 의견을 들어야 한다.

③ 세대수가 증가되는 리모델링을 하는 경우에는 조합원 외의 자에 대한 분양계획은 리모델링을 하는 권리변동계획에 포함되어야 한다.

④ 광역시장이 리모델링 기본계획을 수립하려면 국토교통부장관의 승인을 받아야 한다.

⑤ 대도시 시장은 5년마다 리모델링 기본계획의 타당성을 검토하여 그 결과를 리모델링 기본계획에 반영하여야 한다.

97 농지법령상 농업에 종사하는 개인으로서 농업인에 해당하는 자는?

① 가금(家禽: 집에서 기르는 날짐승) 800수를 사육하는 자

② 800㎡의 농지에서 다년생식물을 재배하면서 1년 중 70일을 농업에 종사하는 자

③ 농지에 300㎡의 고정식 온실을 설치하여 다년생식물을 재배하는 자

④ 농업경영을 통한 농산물의 연간 판매액이 100만원인 자

⑤ 소가축 120두를 사육하는 자

98 농지법령상 농지취득자격증명을 발급받지 아니하고 농지를 취득할 수 있는 경우에 해당하지 **않는** 것은?

① 시효의 완성으로 농지를 취득하는 경우

② 공유농지의 분할로 농지를 취득하는 경우

③ 「고등교육법」에 따른 학교가 그 목적사업을 수행하기 위하여 필요한 실습지를 쓰기 위하여 농지를 취득하는 경우

④ 농업법인의 합병으로 농지를 취득하는 경우

⑤ 담보농지를 취득하여 소유하는 경우

(출제예상)

농지법령상 농지소유자가 소유농지를 위탁경영할 수 있는 경우가 **아닌** 것은?

① 3개월 이상 국외 여행 중인 경우

② 농업인이 자기의 노동력이 부족하여 농작업의 일부를 위탁하는 경우

③ 농업법인이 청산 중인 경우

④ 임신 중이거나 분만 후 1년 미만인 경우

⑤ 부상으로 3개월 이상 치료가 필요한 경우

> 정답 ④

99 농지법령상 조문의 일부이다. 다음 (   )에 들어갈 숫자를 옳게 연결한 것은?

> • 유휴농지의 대리경작자는 수확량의 100분의 (㉠)을 농림축산식품부령으로 정하는 바에 따라 그 농지의 소유권자나 임차권자에게 토지사용료로 지급하여야 한다.
> • 시장·군수 또는 구청장은 처분의무기간에 처분대상농지를 처분하지 아니한 농지 소유자에게 (㉡) 이내에 그 농지를 처분할 것을 명할 수 있다.
> • 대리경작기간은 따로 정하지 아니하면 (㉢)으로 한다.

① ㉠: 10, ㉡: 1년,   ㉢: 3년
② ㉠: 20, ㉡: 6개월, ㉢: 3년
③ ㉠: 20, ㉡: 1년,   ㉢: 5년
④ ㉠: 10, ㉡: 1년,   ㉢: 5년
⑤ ㉠: 10, ㉡: 6개월, ㉢: 3년

100 농지법령상 농지의 전용 등에 관한 설명으로 옳은 것은?

① 「산지관리법」에 따른 산지전용허가를 받지 아니하고 불법으로 개간된 농지를 다시 산림으로 복구하는 경우에는 농지전용허가를 받아야 한다.
② 농지전용허가를 받은 자가 관계 공사의 중지명령을 위반한 경우에는 허가를 취소하거나 조업의 정지를 명할 수 있다.
③ 전용허가를 받은 자의 명의를 변경하는 경우에는 농지전용신고를 하여야 한다.
④ 농업진흥지역 밖의 농지를 어린이집 부지로 전용하려는 자는 시장·군수·구청장에게 농지전용신고를 하여야 한다.
⑤ 농지의 타용도 일시사용허가를 받는 자는 농지보전부담금을 납입하여야 한다.

<table>
<tr><td>출제예상</td></tr>
</table>

농지법령상 농업진흥구역에서 건축할 수 있는 건축물에 해당하지 <u>않는</u> 것은?

① 농업인 주택
② 태양에너지 발전설비로서 부지면적이 1만㎡ 미만인 것
③ 농수산업 관련 시험·연구시설
④ 어린이 놀이터·마을회관
⑤ 「국가유산기본법」에 따른 국가유산의 보수·복원

> 정답 ②

01 국토의 계획 및 이용에 관한 법령상 광역도시계획에 관한 설명으로 옳은 것은?

① 광역계획권이 둘 이상의 시·도에 걸쳐 있는 경우에는 시·도지사가 공동으로 광역계획권을 지정할 수 있다.

② 특별자치시장과 광역시장이 광역도시계획을 공동으로 수립하거나 변경하는 때에는 국토교통부장관의 승인을 받아야 한다.

③ 시장 또는 군수가 협의를 거쳐 요청으로 도지사가 단독으로 광역도시계획을 수립하는 경우에는 국토교통부장관의 승인을 받아야 한다.

④ 국토교통부장관은 시·도지사로부터 공동으로 조정신청을 받은 경우에는 기한을 정하여 당사자 간에 다시 협의하도록 권고할 수 있다.

⑤ 광역도시계획을 수립하기 위한 기초조사의 내용에는 토지적성평가와 재해취약성분석을 포함하여야 한다.

02 국토의 계획 및 이용에 관한 법령상 광역도시계획에 관한 설명으로 틀린 것은?

① 광역계획권이 도의 관할구역에 속하여 있는 경우에는 시장·군수가 공동으로 광역도시계획을 수립하여야 한다.

② 광역도시계획을 시장·군수가 공동으로 수립하는 경우 그 내용에 관하여 서로 협의가 이루어지지 아니한 때에는 공동이나 단독으로 도지사에게 조정을 신청할 수 있다.

③ 국토교통부장관, 시·도지사, 시장 또는 군수가 기초조사정보체계를 구축한 경우에는 등록된 정보의 현황을 5년마다 확인하고 변동사항을 반영하여야 한다.

④ 광역계획권이 둘 이상의 시·도의 관할구역에 걸쳐 있는 경우에는 국토교통부장관이 광역도시계획을 수립하여야 한다.

⑤ 광역계획권을 지정한 날부터 3년이 지날 때까지 관할 시·도지사로부터 광역도시계획의 승인신청이 없는 경우에는 국토교통부장관이 광역도시계획을 수립하여야 한다.

03 국토의 계획 및 이용에 관한 법령상 도시·군기본계획에 관한 설명으로 옳은 것은?

① 이해관계자를 포함한 주민은 기반시설의 설치·정비 또는 개량에 관한 사항에 대하여 도시·군기본계획의 입안을 제안할 수 있다.

② 국토교통부장관은 5년마다 관할구역의 도시·군기본계획에 대하여 그 타당성 여부를 전반적으로 재검토하여 이를 정비하여야 한다.

③ 특별시장·광역시장·특별자치시장·특별자치도지사가 도시·군기본계획을 수립하거나 변경하려면 관계 행정기관의 장과 협의한 후 지방도시계획위원회의 심의를 거쳐야 한다.

④ 도시·군기본계획을 변경하는 경우에는 공청회를 개최하지 아니할 수 있다.

⑤ 관할구역 전부에 대하여 광역도시계획이 수립되어 있는 시로서 당해 광역도시계획에 도시·군기본계획에 포함될 사항이 일부 포함되어 있는 시는 도시·군기본계획을 수립하지 아니할 수 있다.

04 국토의 계획 및 이용에 관한 법령상 도시·군기본계획에 관한 설명으로 틀린 것은?

① 도시·군기본계획은 도시·군관리계획 수립의 지침이 되는 계획이다.

② 광역도시계획이 수립되어 있는 지역에 대하여 수립하는 도시·군기본계획의 내용이 광역도시계획의 내용과 다를 때에는 광역도시계획의 내용이 우선한다.

③ 도시·군기본계획 입안일부터 5년 이내에 토지적성평가를 실시한 경우에는 토지적성평가를 하지 아니할 수 있다.

④ 시장·군수는 인접한 관할구역의 장과 협의를 거쳐 그 인접한 관할구역의 전부 또는 일부를 포함하여 도시·군기본계획을 수립할 수 있다.

⑤ 시장 또는 군수는 기초조사의 내용에 도시·군기본계획이 환경에 미치는 영향 등에 대한 환경성 검토를 포함하여야 한다.

05 국토의 계획 및 이용에 관한 법령상 도시·군관리계획으로 결정하여야 하는 사항만을 모두 고른 것은?

> ㉠ 복합용도구역의 지정 또는 변경
> ㉡ 정비사업에 관한 계획
> ㉢ 기반시설의 설치에 관한 계획
> ㉣ 개발밀도관리구역의 지정

① ㉠, ㉣ 　　　　　　　　② ㉡, ㉢

③ ㉠, ㉡, ㉢ 　　　　　　④ ㉢, ㉣

⑤ ㉡, ㉢, ㉣

06 국토의 계획 및 이용에 관한 법령상 도시·군관리계획에 관한 설명으로 옳은 것은?

① 주민은 산업·유통개발진흥지구의 지정에 관한 사항에 대하여 입안권자에게 도시·군관리계획의 입안을 제안할 수 없다.

② 시가화조정구역이나 수산자원보호구역 지정에 관한 도시·군관리계획 결정 당시 이미 허가를 받아 사업에 착수한 자는 허가를 다시 받아야 그 사업을 계속할 수 있다.

③ 광장·공원·녹지 등의 공간시설의 정비에 관한 계획은 도시·군관리계획에 속한다.

④ 둘 이상의 시·군에 걸쳐 이루어지는 사업의 계획 중 도시·군관리계획으로 결정하여야 할 사항이 포함된 경우에는 국토교통부장관이 도시·군관리계획을 입안할 수 있다.

⑤ 도시자연공원구역의 지정에 관한 도시·군관리계획은 국토교통부장관이 결정한다.

07 국토의 계획 및 이용에 관한 법령상 도시·군관리계획에 관한 설명으로 틀린 것은?

① 도시지역의 축소에 따른 지구단위계획구역의 변경을 내용으로 하는 도시·군관리계획을 입안하는 경우에는 주민과 지방의회 의견청취를 생략할 수 있다.

② 도시·군관리계획의 결정의 효력은 지형도면을 고시한 날부터 발생한다.

③ 도시지역에 빗물저장 및 이용시설을 설치하려면 미리 도시·군관리계획으로 결정하여야 한다.

④ 국가계획과 연계하여 지정할 필요가 있는 시가화조정구역의 지정 및 변경에 관한 도시·군관리계획은 국토교통부장관이 결정한다.

⑤ 지구단위계획구역에서 도시·군관리계획을 입안하는 경우에는 그 계획의 입안을 위한 토지적성평가를 실시하지 아니할 수 있다.

출제예상

국토의 계획 및 이용에 관한 법령상 공간재구조화계획에 관한 설명으로 틀린 것은?

① 특별시장은 도시혁신구역 및 도시혁신계획을 수립하기 위하여 공간재구조화계획을 입안하여야 한다.

② 주민은 복합용도구역의 지정을 위하여 공간재구조화계획 입안권자에게 공간재구조화계획의 입안을 제안할 수 있다.

③ 공간재구조화계획은 시·도지사 또는 대도시 시장이 직접 또는 시장·군수의 신청에 따라 결정한다.

④ 공간재구조화계획결정의 효력은 지형도면을 고시한 날부터 발생한다.

⑤ 고시된 공간재구조화계획의 내용은 도시·군관리계획으로 관리하여야 한다.

> 정답 ③

08 국토의 계획 및 이용에 관한 법령상 도시·군관리계획의 입안 제안에 관한 설명으로 틀린 것은?

① 도시·군계획시설입체복합구역의 지정에 대한 입안을 제안하려는 자는 국공유지를 제외한 토지면적의 5분의 4 이상의 동의를 받아야 한다.

② 기반시설의 설치에 관한 사항에 대한 입안을 제안하려는 자는 국공유지를 제외한 토지면적의 5분의 4 이상의 동의를 받아야 한다.

③ 지구단위계획구역의 지정과 지구단위계획의 수립에 관한 사항에 대한 입안을 제안하려는 자는 국공유지를 제외한 토지면적의 3분의 2 이상의 동의를 받아야 한다.

④ 산업·유통개발진흥지구의 지정에 관한 사항에 대한 입안을 제안하려는 자는 국공유지를 제외한 토지면적의 4분의 3 이상의 동의를 받아야 한다.

⑤ 도시·군관리계획의 입안을 제안받은 자는 제안자와 협의하여 제안된 도시·군관리계획의 입안 및 결정에 필요한 비용의 전부 또는 일부를 제안자에게 부담시킬 수 있다.

09 국토의 계획 및 이용에 관한 법령상 환경성 검토를 실시하여야 하는 경우에 해당하는 것만을 모두 고른 것은?

ㄱ 「도시개발법」에 따른 도시개발사업의 경우
ㄴ 해당 도시·군계획시설부지가 다른 법률에 따라 지역·지구 등으로 지정되거나 개발계획이 수립된 경우
ㄷ 해당 지구단위계획구역의 지정목적이 해당 구역을 정비 또는 관리하고자 하는 경우로서 지구단위계획의 내용에 너비 12m 이상 도로의 설치계획이 없는 경우
ㄹ 해당 도시·군계획시설의 결정을 해제하려는 경우

① ㄱ　　② ㄱ, ㄴ,　　③ ㄱ, ㄹ
④ ㄷ, ㄹ　　⑤ ㄱ, ㄴ, ㄷ

10 국토의 계획 및 이용에 관한 법령상 용도지역에 관한 설명으로 옳은 것은?

① 도시지역이 세부 용도지역으로 지정되지 아니한 경우 용도지역의 용적률의 규정을 적용할 때에 자연녹지지역에 관한 규정을 적용한다.

② 「택지개발촉진법」에 따른 택지개발지구로 지정·고시되었다가 택지개발사업의 완료로 지구 지정이 해제되면 그 지역은 지구 지정 이전의 용도지역으로 환원된 것으로 본다.

③ 도시지역·관리지역·농림지역·자연환경보전지역으로 지정되지 아니한 경우 용도지역의 건폐율의 규정을 적용할 때에 농림지역에 관한 규정을 적용한다.

④ 관리지역에서 「농지법」에 따른 농업진흥지역으로 지정·고시된 지역은 「국토의 계획 및 이용에 관한 법률」에 따른 자연환경보전지역으로 결정·고시된 것으로 본다.

⑤ 도시지역에 대하여는 「도로법」에 따른 접도구역의 규정을 적용하지 아니한다.

11 국토의 계획 및 이용에 관한 법령상 제1종 일반주거지역 안에서 도시·군계획조례가 정하는 바에 의하여 건축할 수 있는 건축물로 옳은 것은? (단, 건축물은 4층 이하에 한하고 건축물의 종류는 건축법 시행령 [별표1]에 규정된 건축물의 종류에 따름)

① 문화 및 집회시설 중 공연장
② 제2종 근린생활시설 중 노래연습장
③ 의료시설 중 격리병원
④ 업무시설 중 오피스텔로서 바닥면적의 합계가 4,000㎡인 것
⑤ 운동시설 중 옥외 철탑이 설치된 골프연습장

12 국토의 계획 및 이용에 관한 법령상 조례로 정할 수 있는 건폐율의 최대한도가 낮은 지역부터 높은 지역 순으로 옳게 나열한 것은? (단, 조례 등 기타 강화·완화 조건은 고려하지 않음)

① 제2종 전용주거지역 - 일반상업지역 - 전용공업지역
② 근린상업지역 - 유통상업지역 - 계획관리지역
③ 자연녹지지역 - 일반공업지역 - 제2종 일반주거지역
④ 일반상업지역 - 전용공업지역 - 제3종 일반주거지역
⑤ 생산관리지역 - 준주거지역 - 유통상업지역

13 국토의 계획 및 이용에 관한 법령상 도시·군계획조례로 정할 수 있는 건폐율의 최대한도가 큰 용도지역부터 바르게 연결한 것은?

> ㉠ 「산업입지 및 개발에 관한 법률」에 따른 농공단지
> ㉡ 자연녹지지역에 지정된 개발진흥지구
> ㉢ 「자연공원법」에 따른 자연공원
> ㉣ 공업지역에 있는 「산업입지 및 개발에 관한 법률」에 따른 준산업단지
> ㉤ 수산자원보호구역

① ㉣-㉠-㉢-㉤-㉡
② ㉣-㉢-㉠-㉤-㉡
③ ㉠-㉢-㉣-㉤-㉡
④ ㉣-㉠-㉢-㉡-㉤
⑤ ㉡-㉤-㉢-㉠-㉣

14 국토의 계획 및 이용에 관한 법령상 용적률의 최대한도가 높은 지역부터 낮은 지역까지 순서대로 나열한 것은? (단, 조례 등 기타 강화·완화 조건은 고려하지 않음)

> ㉠ 준공업지역　　　　㉡ 준주거지역
> ㉢ 근린상업지역　　　㉣ 제3종 일반주거지역

① ㉠-㉡-㉢-㉣
② ㉣-㉠-㉡-㉢
③ ㉢-㉠-㉡-㉣
④ ㉢-㉡-㉠-㉣
⑤ ㉢-㉡-㉣-㉠

15 국토의 계획 및 이용에 관한 법령상 용도지구와 그 세분(細分)이 바르게 연결된 것만을 모두 고른 것은? (단, 조례는 고려하지 않음)

> ㉠ 경관지구 − 자연경관지구, 시가지경관지구, 수변경관지구
> ㉡ 취락지구 − 자연취락지구, 주거취락지구
> ㉢ 보호지구 − 역사문화환경보호지구, 중요시설물보호지구, 생태계보호지구
> ㉣ 개발진흥지구 − 주거개발진흥지구, 산업·유통개발진흥지구, 관광·휴양개발진흥지구, 복합개발진흥지구, 특정개발진흥지구
> ㉤ 방재지구 − 시가지방재지구, 농어촌방재지구, 자연방재지구

① ㉢, ㉣
② ㉠, ㉡, ㉢
③ ㉠, ㉢, ㉣
④ ㉢, ㉣, ㉤
⑤ ㉠, ㉢, ㉣, ㉤

16 국토의 계획 및 이용에 관한 법령상 용도지구에서의 건축제한에 관한 설명으로 **틀린** 것은?

① 고도지구 안에서 건축물을 신축하는 경우 도시·군관리계획으로 정하는 높이에 초과하는 건축물을 건축할 수 없다.
② 자연취락지구 안에서는 4층 이하의 도계장을 건축할 수 있다.
③ 용도지구 안에서의 도시·군계획시설에 대하여는 용도지구 안의 건축제한에 관한 규정을 적용하지 아니한다.
④ 집단취락지구 안에서의 건축제한에 관하여는 「개발제한구역의 지정 및 관리에 관한 특별조치법」이 정하는 바에 의한다.
⑤ 일반공업지역에 지정된 복합용도지구 안에서는 노유자시설을 건축할 수 있다.

출제예상

국토의 계획 및 이용에 관한 법령상 자연취락지구 안에서 건축할 수 있는 건축물에 해당하지 <u>않는</u> 것은? (단, 4층 이하의 건축물이고, 조례는 고려하지 않음)

① 한방병원
② 마을공동구판장
③ 교도소
④ 작물재배사
⑤ 장의사

> **정답 ①**

17 국토의 계획 및 이용에 관한 법령상 도시혁신구역에 관한 설명으로 **틀린** 것은?

① 공간재구조화계획 결정권자는 도시·군기본계획에 따른 도심·부도심 또는 생활권 중심 지역을 도시혁신구역으로 지정할 수 있다.

② 다른 법률에서 도시·군관리계획의 결정을 의제하고 있는 경우에는 「국토의 계획 및 이용에 관한 법률」에 따르지 아니하고 도시혁신구역의 지정을 결정할 수 있다.

③ 도시혁신계획에는 도시혁신구역의 지정 목적을 이루기 위해서 주요 기반시설의 확보에 관한 사항이 포함되어야 한다.

④ 도시혁신구역에 대하여는 「도시공원 및 녹지 등에 관한 법률」에 따른 도시공원 또는 녹지확보기준에 관한 규정을 도시혁신계획으로 따로 정할 수 있다.

⑤ 도시혁신구역으로 지정된 지역은 「건축법」에 따른 특별건축구역으로 지정된 것으로 본다.

> 출제예상

국토의 계획 및 이용에 관한 법령상 도시혁신구역에서 도시혁신계획으로 따로 정할 수 있는 규정에 해당하는 법률 규정을 모두 고른 것은?

ㄱ. 「주차장법」에 따른 부설주차장의 설치
ㄴ. 「건축법」에 따른 공개공지 등의 확보
ㄷ. 「학교용지의 확보 등에 관한 특별법」에 따른 학교용지의 조성·개발기준
ㄹ. 「건축법」에 따른 대지의 조경

① ㄱ, ㄴ   ② ㄴ, ㄷ   ③ ㄷ, ㄹ
④ ㄱ, ㄴ, ㄷ   ⑤ ㄱ, ㄴ, ㄷ, ㄹ

> 정답 ④

18 국토의 계획 및 이용에 관한 법령상 기반시설의 종류와 해당 시설의 연결로 옳은 것은?

① 공간시설 - 광장, 공원, 녹지, 유수지

② 공공·문화체육시설 - 학교, 공공청사, 연구시설, 방송·통신시설

③ 보건위생시설 - 장사시설, 도축장, 사회복지시설

④ 방재시설 - 하천, 저수지, 방풍설비, 사방설비

⑤ 환경기초시설 - 하수도, 빗물저장 및 이용시설, 수질오염방지시설, 주차장

19 국토의 계획 및 이용에 관한 법령상 공동구에 관한 설명으로 틀린 것은?

① 공동구관리자는 공동구 관리에 드는 비용을 연 2회로 분할하여 납부하게 하여야 한다.

② 부담금의 통지를 받은 공동구 점용예정자는 공동구 설치공사가 착수되기 전에 부담액의 2분의 1 이상을 납부하여야 한다.

③ 「택지개발촉진법」에 따른 택지개발지구의 규모가 300만㎡인 경우 해당 구역에서 개발사업을 시행하는 자는 공동구를 설치하여야 한다.

④ 공동구관리자는 5년마다 해당 공동구의 안전 및 유지관리계획을 대통령령으로 정하는 바에 따라 수립·시행하여야 한다.

⑤ 공동구가 설치된 경우 하수도관은 공동구협의회의 심의를 거쳐 공동구를 수용할 수 있다.

20 국토의 계획 및 이용에 관한 법령상 도시·군계획시설에 관한 설명으로 옳은 것은?

① 한국토지주택공사가 도시·군계획시설설사업의 시행자로 지정을 받으려면 사업대상 토지면적의 2분의 1 이상을 동의를 받아야 한다.

② 행정청이 아닌 시행자의 처분에 대하여는 그 시행자를 피청구인으로 하여 행정심판을 제기하여야 한다.

③ 사업구역경계의 변경이 있는 범위 안에서 건축물 연면적 10% 미만을 변경하는 경우에는 변경인가를 받아야 한다.

④ 도지사가 시행한 도시·군계획시설사업으로 그 도에 속하지 않는 군이 현저히 이익을 받는 경우, 해당 도지사와 군수 간의 비용부담에 관한 협의가 성립되지 아니하는 때에는 기획재정부장관이 결정하는 바에 따른다.

⑤ 지방의회로부터 장기미집행시설의 해제를 권고받은 시장·군수는 특별한 사유가 없으면 1년 이내에 해제를 위한 도시·군관리계획결정을 하여야 한다.

21 국토의 계획 및 이용에 관한 법령상 도시·군계획시설사업에 관한 설명으로 **틀린** 것은?

① 「국토의 계획 및 이용에 관한 법률」 또는 다른 법률에 특별한 규정이 있는 경우 외에는 특별시장·광역시장·특별자치시장·특별자치도지사·시장 또는 군수가 사업을 시행한다.

② 실시계획의 고시가 있은 때에는 「공익사업을 위한 토지 등의 취득 및 보상에 관한 법률」에 따른 사업인정 및 그 고시가 있었던 것으로 본다.

③ 행정청이 아닌 도시·군계획시설사업의 시행자가 도시·군계획시설사업에 의하여 새로 공공시설을 설치한 경우 새로 설치된 공공시설은 그 시설을 관리할 관리청에 무상으로 귀속된다.

④ 둘 이상의 시·도에 걸쳐 시행되는 사업의 시행자를 정함에 있어 관계 시·도지사 간의 협의가 성립되지 않는 경우에는 국토교통부장관이 도시·군계획시설사업을 시행한다.

⑤ 도시·군계획시설사업의 시행자는 사업시행을 위하여 특히 필요하다고 인정되면 도시·군계획시설에 인접한 토지·건축물을 일시 사용할 수 있다.

22 국토의 계획 및 이용에 관한 법령상 도시·군계획시설부지에서의 매수청구에 관한 설명으로 옳은 것은?

① 도시·군계획시설채권의 상환기간은 5년 이상 20년 이내로 한다.

② 매수의무자는 매수청구가 있은 날로부터 2년 이내에 매수 여부를 결정하여 토지소유자에게 알려야 한다.

③ 도시·군계획시설결정의 고시일부터 10년 이내에 사업이 시행되지 않은 경우에는 실시계획인가가 진행된 경우에도 매수청구를 할 수 있다.

④ 매수청구를 한 토지의 소유자는 매수의무자가 매수하지 아니하기로 결정한 경우에는 개발행위허가를 받아 층수가 3층인 노래연습장을 건축할 수 있다.

⑤ 비업무용 토지로서 매수대금이 3천만원을 초과하는 경우 매수의무자인 지방자치단체는 그 초과하는 금액에 대해서 도시·군계획시설채권을 발행하여 지급할 수 있다.

23 국토의 계획 및 이용에 관한 법령상 장기미집행 도시·군계획시설부지에서 매수청구를 한 토지소유자는 매수의무자가 매수하지 아니하기로 결정한 경우 개발행위허가를 받아 건축할 수 있는 건축물에 해당하지 <u>않는</u> 것은?

① 층수가 2층인 동물병원 ② 층수가 3층인 한의원
③ 층수가 2층인 독서실 ④ 층수가 3층인 어린이집
⑤ 층수가 3층인 단독주택

24 국토의 계획 및 이용에 관한 법령상 도시·군계획시설결정의 실효 등에 관한 설명으로 옳은 것은?

① 도시·군계획시설결정의 고시일부터 20년이 지날 때까지 그 시설의 설치에 관한 사업이 시행되지 아니한 경우 그 결정은 20년이 되는 날에 효력을 잃는다.

② 시장 또는 군수는 도시·군계획시설결정이 효력을 잃으면 지체 없이 그 사실을 고시하여야 한다.

③ 장기미집행 도시·군계획시설결정의 해제를 권고받은 시장·군수는 그 시설의 해제를 위한 도시·군계획시설결정을 국토교통부장관에게 신청하여야 한다.

④ 도시·군계획시설결정의 해제를 신청받은 도지사는 해제 신청을 받은 날부터 6개월 이내에 해당 도시·군계획시설의 해제를 위한 결정을 하여야 한다.

⑤ 토지소유자로부터 도시·군계획시설결정의 해제를 위한 결정을 신청받은 결정권자는 2개월 이내에 결정 여부를 정하여 토지소유자에게 알려야 하며, 특별한 사유가 없으면 그 도시·군계획시설결정을 해제하여야 한다.

25 국토의 계획 및 이용에 관한 법령상 지구단위계획구역에 관한 설명으로 틀린 것은?

① 시장 또는 군수가 입안한 지구단위계획구역의 지정·변경에 관한 도시·군관리계획은 시장 또는 군수가 직접 결정한다.

② 도시지역 외의 지역에 지정된 지구단위계획구역의 지정이 한옥마을의 보전을 목적으로 하는 경우 지구단위계획으로 「주차장법」에 따른 주차장 설치기준을 100%까지 완화하여 적용할 수 있다.

③ 지구단위계획에는 건축물의 용도제한, 건축물의 건폐율 또는 용적률, 건축물 높이의 최고한도 또는 최저한도에 관한 사항이 포함되어야 한다.

④ 녹지지역에서 상업지역으로 변경되는 면적이 40만m²인 경우에는 해당 지역은 지구단위계획구역으로 지정하여야 한다.

⑤ 시장 또는 군수는 개발제한구역에서 해제되는 구역 중 계획적인 개발 또는 관리가 필요한 지역은 지구단위계획구역으로 지정할 수 있다.

26 국토의 계획 및 이용에 관한 법령상 지구단위계획 및 지구단위계획구역에 관한 설명으로 틀린 것은?

① 도시지역 외의 지역으로서 용도지구를 폐지하고 그 용도지구에서의 행위제한을 지구단위계획으로 대체하려는 지역은 지구단위계획구역으로 지정될 수 있다.

② 지구단위계획구역으로 지정된 지역으로서 도시·군관리계획상 특히 필요하다고 인정하는 지역에 대해서는 최대 5년까지 개발행위허가를 제한할 수 있다.

③ 「산업입지 및 개발에 관한 법률」에 따른 준산업단지의 전부 또는 일부에 대하여 지구단위계획구역으로 지정할 수 있다.

④ 지구단위계획에는 건축물의 배치·형태·색채 또는 건축선에 관한 사항이 포함될 수 있다.

⑤ 계획관리지역 외의 지역에 지정된 개발진흥지구 내의 지구단위계획구역에서는 건축물의 용도·종류 및 규모 등을 완화하여 적용할 경우 아파트 및 연립주택은 허용된다.

27 국토의 계획 및 이용에 관한 법령상 개발행위허가에 관한 설명으로 옳은 것은?

① 토지 분할에 대하여 개발행위허가를 받은 자가 개발행위를 마치면 관할 행정청의 준공검사를 받아야 한다.

② 부지면적 또는 건축물 연면적을 5% 범위 안에서 축소하거나 확장하는 경우에는 변경에 대한 허가를 받아야 한다.

③ 도시·군관리계획을 수립하고 있는 지역으로서 그 도시·군관리계획이 결정될 경우 용도지역의 변경이 예상되고 그에 따라 개발행위허가의 기준이 크게 달라질 것으로 예상되는 지역은 최장 3년간 개발행위허가를 제한할 수 있다.

④ 생산관리지역에서는 도시계획위원회의 심의를 통하여 개발행위허가의 기준을 강화 또는 완화하여 적용할 수 있다.

⑤ 개발행위허가의 대상인 토지가 2 이상의 용도지역에 걸치는 경우, 개발행위허가의 규모를 적용할 때는 가장 큰 규모의 용도지역에 대한 규정을 적용한다.

28 국토의 계획 및 이용에 관한 법령상 개발행위허가에 관한 설명으로 틀린 것은?

① 허가권자가 개발행위허가를 하는 경우 환경오염 방지에 관한 조치를 할 것을 조건으로 허가할 수 있다.

② 허가권자가 위해방지에 관한 조치를 할 것을 조건으로 개발행위허가를 하려는 경우 미리 개발행위허가를 신청한 자의 의견을 들어야 한다.

③ 개발행위허가를 받은 자가 행정청인 경우, 그가 기존의 공공시설에 대체되는 공공시설을 설치하면 기존의 공공시설은 대체되는 공공시설의 설치비용에 상당하는 범위 안에서 개발행위허가를 받은 자에게 무상으로 양도될 수 있다.

④ 「도시개발법」에 따른 도시개발사업으로 공유수면을 매립하는 경우에는 개발행위허가를 받지 않아도 된다.

⑤ 기반시설부담구역으로 지정된 지역에 대하여 개발행위허가를 제한하였다가 이를 연장하기 위해서는 도시계획위원회의 심의를 거치지 않아도 된다.

29 국토의 계획 및 이용에 관한 법령상 성장관리계획구역에 관한 설명으로 옳은 것을 모두 고른 것은?

> ○ 국토교통부장관은 관리지역 중 주변지역과 연계하여 체계적인 관리가 필요한 지역의 전부 또는 일부에 대하여 성장관리계획구역을 지정할 수 있다.
> ○ 성장관리계획구역으로 지정된 보전녹지지역에서는 성장관리계획으로 30% 이하의 범위에서 조례로 정하는 비율까지 건폐율을 완화하여 적용할 수 있다.
> ○ 성장관리계획구역으로 지정된 계획관리지역에서는 성장관리계획으로 125% 이하의 범위에서 조례로 정하는 비율까지 용적률을 완화하여 적용할 수 있다.
> ○ 시장 또는 군수는 5년마다 관할구역 내 수립된 성장관리계획에 대하여 그 타당성 여부를 전반적으로 재검토하여 정비하여야 한다.

① ㉡
② ㉡, ㉢
③ ㉢, ㉣
④ ㉠, ㉢, ㉣
⑤ ㉡, ㉢, ㉣

30 국토의 계획 및 이용에 관한 법령상 성장관리계획구역에서 성장관리계획으로 완화하여 적용할 수 있는 건폐율 규정으로 옳게 연결된 것은?

> ㉠ 농림지역 : 30% 이하   ㉡ 자연녹지지역 : 40% 이하
> ㉢ 계획관리지역 : 50% 이하   ㉣ 생산관리지역 : 40% 이하

① ㉠, ㉡
② ㉠, ㉢
③ ㉢, ㉣
④ ㉠, ㉡, ㉢
⑤ ㉠, ㉢, ㉣

31 국토의 계획 및 이용에 관한 법령상 개발밀도관리구역에 관한 설명으로 옳은 것은?

① 개발밀도관리구역에서는 해당 용도지역에 적용되는 건폐율의 최대한도의 50% 범위에서 건폐율을 강화하여 적용한다.

② 광역시장은 향후 2년 이내에 해당 지역의 학생 수가 학교수용능력을 20% 이상 미달할 것으로 예상되는 지역을 개발밀도관리구역으로 지정할 수 있다.

③ 개발밀도관리구역의 명칭 변경에 대하여는 지방도시계획위원회의 심의를 거치지 않아도 된다.

④ 시장 또는 군수는 주거지역에서의 개발행위로 인하여 기반시설이 부족할 것으로 예상되는 지역 중 기반시설의 설치가 곤란한 지역을 대상으로 개발밀도관리구역으로 지정할 수 있다.

⑤ 시장 또는 군수는 향후 2년 이내에 해당 지역의 하수발생량이 하수시설의 시설용량을 초과할 것으로 예상되는 지역 중 기반시설 설치가 곤란한 지역을 개발밀도관리구역으로 지정할 수 없다.

32 국토의 계획 및 이용에 관한 법령상 광역시의 기반시설부담구역에 관한 설명으로 **틀린** 것은?

① 기반시설설치비용은 건축허가를 받은 날부터 2개월 이내에 납부하여야 한다.

② 기반시설부담구역이 지정되면 광역시장은 대통령령으로 정하는 바에 따라 기반시설설치계획을 수립하여야 하며, 이를 도시·군관리계획에 반영하여야 한다.

③ 광역시장이 기반시설부담구역을 지정하려면 주민의 의견을 들어야 하며, 지방도시계획위원회의 심의를 거쳐 이를 고시하여야 한다.

④ 지구단위계획을 수립한 경우에는 기반시설설치계획을 수립한 것으로 본다.

⑤ 기반시설부담구역의 지정·고시일부터 1년이 되는 날까지 기반시설설치계획을 수립하지 아니하면 1년이 되는 날의 다음날에 기반시설부담구역의 지정은 해제된 것으로 본다.

33 국토의 계획 및 이용에 관한 법령상 기반시설부담구역에서 기반시설설치비용의 산정에서 사용되는 기반시설유발계수가 높은 것부터 나열한 것은?

㉠ 어린이회관		㉡ 사진관	
㉢ 휴양콘도미니엄		㉣ 철도시설	

① ㉠ - ㉡ - ㉢ - ㉣   ② ㉠ - ㉡ - ㉣ - ㉢

③ ㉡ - ㉠ - ㉢ - ㉣   ④ ㉢ - ㉡ - ㉣ - ㉠

⑤ ㉣ - ㉡ - ㉠ - ㉢

34 국토의 계획 및 이용에 관한 법령상 개발밀도관리구역과 기반시설부담구역에 관한 설명으로 옳은 것은?

① 동일한 지역에 대해 기반시설부담구역과 개발밀도관리구역을 중복하여 지정할 수 있다.

② 기반시설설치비용의 부과대상은 단독주택 및 숙박시설 등 대통령령으로 정하는 시설로서 200㎡(기존 건축물의 연면적을 포함)를 초과하는 건축물의 신축·개축 행위로 한다.

③ 개발밀도관리구역을 지정하려면 주민의 의견을 들어야 하며, 지방도시계획위원회의 심의를 거쳐 이를 고시하여야 한다.

④ 공원과 녹지는 기반시설부담구역에서 설치가 필요한 기반시설에 해당하지 않는다.

⑤ 납부의무자가 재해나 도난으로 재산에 심한 손실을 입은 경우에 해당하여 기반시설설치비용을 납부하기가 곤란하다고 인정되면 해당 개발사업 목적에 따른 이용 상황 등을 고려하여 1년의 범위에서 납부기일을 연기할 수 있다.

35 도시개발법령상 도시개발구역 지정과 개발계획에 관한 설명으로 **틀린** 것은?

① 자연녹지지역에 도시개발구역을 지정할 수 있는 규모는 1만㎡ 이상이어야 한다.

② 지정권자는 도시개발사업을 환지방식으로 시행하려고 개발계획을 수립할 때 시행자가 한국토지주택공사인 경우에는 토지소유자의 동의를 받을 필요가 없다.

③ 순환개발 등 단계적 사업추진이 필요한 경우 사업추진계획 등에 관한 사항은 도시개발구역을 지정한 후에 개발계획의 내용에 포함시킬 수 있다.

④ 생산관리지역에 도시개발구역을 지정할 때에는 도시개발구역을 지정한 후에 개발계획을 수립할 수 있다.

⑤ 국가철도공단의 장이 30만㎡ 이상으로서 국가계획과 밀접한 관련이 있는 도시개발구역의 지정을 제안하는 경우 국토교통부장관이 도시개발구역을 지정할 수 있다.

36 도시개발법령상 환지방식의 도시개발사업에 대한 개발계획의 수립·변경을 위한 동의자 수 산정방법으로 옳은 것은?

① 도시개발구역의 토지면적을 산정하는 경우 국공유지는 제외한다.

② 「집합건물의 소유 및 관리에 관한 법률」에 따른 구분소유자는 대표 구분소유자 1인만 토지소유자로 본다.

③ 도시개발구역의 지정이 제안된 후부터 개발계획이 수립되기 전까지의 사이에 토지소유자가 변경된 경우 변경된 토지소유자의 동의서를 기준으로 한다.

④ 도시개발구역의 지정이 제안되기 전에 동의를 철회하는 사람이 있는 경우 그 사람은 동의자 수에서 포함한다.

⑤ 개발계획의 변경을 요청받은 후부터 개발계획이 변경되기 전까지의 사이에 토지소유자가 변경된 경우 기존 토지소유자의 동의서를 기준으로 한다.

37 도시개발법령상 도시개발구역의 지정에 관한 설명으로 **틀린** 것은?

① 공업지역에 도시개발구역을 지정할 수 있는 규모는 3만㎡ 이상이어야 한다.

② 자연녹지지역에 도시개발구역을 지정할 때에는 도시개발구역을 지정한 후에 개발계획을 수립할 수 있다.

③ 도시개발구역을 둘 이상의 사업시행지구로 분할하는 경우 분할 후 사업시행지구의 면적은 각각 1만㎡ 이상이어야 한다.

④ 사업시행자로 지정될 수 있는 지방공사는 특별자치도지사·시장·군수·구청장에게 도시개발구역의 지정을 제안할 수 없다.

⑤ 도시개발사업의 공사완료로 도시개발구역의 지정이 해제의제된 경우에는 도시개발구역의 용도지역은 해당 도시개발구역 지정 전의 용도지역으로 환원된 것으로 보지 아니한다.

38 도시개발법령상 국토교통부장관이 도시개발구역을 지정할 수 있는 경우가 <u>아닌</u> 것은?

① 국가가 도시개발사업을 실시할 필요가 있는 경우

② 문화체육관광부장관이 10만㎡ 규모로 도시개발구역의 지정을 요청하는 경우

③ 지방공사의 장이 40만㎡ 규모로 국가계획과 밀접한 관련이 있는 도시개발구역의 지정을 제안하는 경우

④ 둘 이상의 시·도 또는 대도시의 행정구역에 걸치는 경우로서 시·도지사 또는 대도시 시장의 협의가 성립되지 않은 경우

⑤ 천재지변으로 인하여 도시개발사업을 긴급하게 할 필요가 있는 경우

39 도시개발법령상 도시개발조합에 관한 설명으로 옳은 것은?

① 조합원이 정관에 따라 부과된 부과금을 체납하는 경우 조합은 지방세 체납처분의 예에 따라 이를 징수할 수 있다.

② 조합설립의 인가를 신청하려면 국공유지를 제외한 토지면적의 3분의 2 이상의 동의와 토지소유자 총수의 2분의 1 이상의 동의를 받아야 한다.

③ 이사의 자기를 위한 조합과의 계약이나 소송에 관하여는 조합장이 조합을 대표한다.

④ 조합원으로 된 자가 금고 이상의 형의 선고를 받은 경우에는 그 사유가 발생한 다음 날부터 조합원의 자격을 상실한다.

⑤ 의결권이 없는 조합원은 조합의 이사가 될 수 없다.

40 도시개발법령상 도시개발조합에 관한 설명으로 <u>틀린</u> 것은?

① 조합의 감사로 선임된 자가 금고 이상의 형의 선고를 받은 경우에는 그 사유가 발생한 다음 날부터 감사의 자격을 상실한다.

② 총회의 의결사항 중 자금의 차입과 그 방법·이율 및 상환방법에 관한 사항은 대의원회가 총회의 권한을 대행할 수 없다.

③ 조합의 정관에는 주된 사무소의 소재지가 포함되어야 한다.

④ 조합이 인가받은 사항 중 공고방법을 변경하려는 경우에는 신고하여야 한다.

⑤ 의결권을 가진 조합원의 수가 70인인 조합은 대의원회를 둘 수 있다.

41 도시개발법령상 실시계획에 관한 설명으로 **틀린** 것은?

① 시행자가 작성하는 실시계획은 개발계획에 맞게 작성되어야 하고, 지구단위계획이 포함되어야 한다.

② 지정권자는 도시개발사업에 관한 실시계획인가를 받은 후 2년 이내에 사업에 착수하지 아니하는 경우에는 시행자를 변경할 수 있다.

③ 지정권자가 아닌 시행자가 실시계획인가를 받은 후, 사업비의 100분의 20을 증액하는 경우에는 지정권자의 변경인가를 받아야 한다.

④ 실시계획의 인가에 의해 「도로법」에 따른 도로공사 시행의 허가는 의제될 수 없다.

⑤ 실시계획을 인가할 때 지정권자가 해당 실시계획에 대한 「도로법」에 따른 도로공사 시행의 허가에 관하여 미리 관계 행정기관의 장과 협의한 때에는 해당 허가를 받은 것으로 본다.

출제예상

도시개발법령상 환지방식으로 시행하는 구역에 대하여 지정권자가 실시계획을 작성하거나 인가한 경우 관할 등기소에 통보·제출하여야 하는 사항에 해당하지 **않는** 것은?

① 도시개발구역의 위치 및 면적　　② 사업의 명칭

③ 사업의 목적　　④ 시행방식

⑤ 인가된 실시계획에 관한 도서의 공람기간 및 공람장소

> 정답 ⑤

---

42 도시개발법령상 도시개발사업의 시행에 관한 설명으로 옳은 것은?

① 도시개발사업을 시행하는 한국관광공사인 시행자가 토지를 수용하려면 사업대상 토지면적의 3분의 2 이상에 해당하는 토지를 소유하고 토지소유자 총수의 2분의 1 이상의 동의를 받아야 한다.

② 지정권자는 전부를 환지방식으로 시행하는 시행자가 도시개발구역의 지정·고시일부터 6개월 이내에 실시계획인가를 신청하지 아니하는 경우에는 시행자를 변경할 수 있다.

③ 시행자가 아닌 지정권자는 도시개발사업에 필요한 토지 등을 수용하거나 사용할 수 있다.

④ 「한국수자원공사법」에 따른 한국수자원공사인 시행자는 설계·분양 등 도시개발사업의 일부를 「주택법」에 따른 주택건설사업자 등으로 하여금 도시개발사업의 일부를 대행하게 할 수 없다.

⑤ 지정권자는 도시개발구역 지정 이후 지방공사인 시행자가 도시개발사업의 시행방식을 혼용방식에서 전부 환지방식으로 변경하는 경우에는 도시개발사업의 시행방식을 변경할 수 있다.

43 도시개발법령상 수용 또는 사용방식에 따른 사업시행에 관한 설명으로 옳은 것은?

① 시행자가 토지상환채권을 발행할 경우, 그 발행규모는 토지상환채권으로 상환할 토지·건축물이 도시개발사업으로 조성되는 분양토지 또는 분양건축물 면적의 3분의 1을 초과하지 않아야 한다.

② 지정권자인 시행자는 조성되지 아니한 상태의 토지를 공급받거나 이용하려는 자로부터 국토교통부장관의 승인을 받아 해당 대금의 전부 또는 일부를 미리 받을 수 있다.

③ 원형지를 공급받은 「공공기관의 운영에 관한 법률」에 따른 공공기관은 도시개발구역 전체 토지면적의 3분의 1을 초과하여 원형지를 개발할 수 없다.

④ 원형지를 공장 부지로 직접 사용하는 자를 원형지개발자로 선정하는 경우에는 추첨의 방법으로 할 수 있다.

⑤ 실시계획을 고시한 경우에는 「공익사업을 위한 토지 등의 취득 및 보상에 관한 법률」에 따른 사업인정 및 고시가 있었던 것으로 본다.

44 도시개발법령상 조성토지의 공급에 관한 설명으로 틀린 것은?

① 지정권자가 아닌 시행자는 조성토지 등을 공급하려고 할 때에는 조성토지 등의 공급계획을 작성하여 지정권자의 승인을 받아야 한다.

② 일반에게 분양할 수 없는 공공용지를 국가, 지방자치단체에게 공급하는 경우에는 수의계약 방법으로 공급할 수 있다.

③ 조성토지 등의 가격 평가는 「감정평가 및 감정평가사에 관한 법률」에 따른 감정평가법인 등이 평가한 금액을 산술평균한 금액으로 한다.

④ 「주택법」에 따른 공공택지를 공급하는 경우에는 추첨의 방법으로 분양할 수 있다.

⑤ 토지소유자인 시행자가 200실 이상의 객실을 갖춘 호텔의 부지로 토지를 공급하는 경우에는 「감정평가 및 감정평가사에 관한 법률」에 따른 감정평가법인 등이 감정평가한 가격 이하로 정할 수 있다.

45 도시개발법령상 환지방식에 의한 사업시행에 관한 설명으로 옳은 것은?

① 행정청인 시행자가 환지계획을 작성한 경우에는 특별자치도지사, 시장·군수·구청장의 인가를 받아야 한다.

② 「공익사업을 위한 토지 등의 취득 및 보상에 관한 법률」에 해당하는 공공시설의 용지에 대하여는 환지계획을 정할 때 그 위치·면적 등에 관하여 환지계획 작성 기준을 적용하여야 한다.

③ 환지예정지의 지정이 있으면 종전의 토지에 대한 임차권자 등은 종전의 토지에 대해서는 사용하거나 수익할 수 없다.

④ 환지계획에서 환지를 정하지 아니한 종전 토지에 있던 권리는 환지처분이 공고된 날의 다음 날이 끝나는 때에 소멸한다.

⑤ 토지의 소유자가 신청하거나 동의하는 경우에는 해당 토지의 임차권자가 동의하지 않더라도 그 토지의 전부 또는 일부에 대하여 환지를 정하지 아니할 수 있다.

46 도시개발법령상 환지방식에 의한 사업시행에 관한 설명으로 **틀린** 것은?

① 도시개발사업 시행자가 환지방식으로 사업을 시행하는 경우 환지계획에는 체비지(替費地) 또는 보류지(保留地)의 명세가 포함되어야 한다.

② 행정청이 아닌 시행자가 인가받은 환지계획 중 환지로 지정된 토지나 건축물을 금전으로 청산하는 경우에는 변경인가를 받아야 한다.

③ 지방공사인 시행자가 도시개발사업의 전부를 환지방식으로 시행하려고 할 때에는 도시개발사업의 시행규정을 작성하여야 한다.

④ 시행자는 체비지의 용도로 환지예정지가 지정된 경우에는 도시개발사업에 드는 비용을 충당하기 위하여 이를 처분할 수 있다.

⑤ 시행자는 환지방식이 적용되는 도시개발구역에 있는 조성토지 등의 가격을 평가할 때에는 토지평가협의회의 심의를 거쳐 결정하되, 그에 앞서 감정평가법인 등이 평가하게 하여야 한다.

47 도시개발법령상 환지처분에 관한 설명으로 **틀린** 것은?

① 환지계획에서 정한 환지는 그 환지처분이 공고된 날의 다음 날부터 종전 토지로 본다.

② 행정상 처분이나 재판상 처분으로서 종전의 토지에 전속(專屬)하는 것에 관하여는 영향을 미치지 아니한다.

③ 지정권자가 시행자인 경우 법 제51조에 따른 공사완료 공고가 있은 때에는 60일 이내에 환지처분을 하여야 한다.

④ 환지를 정한 경우 그 과부족분에 대한 청산금은 환지처분이 공고된 날에 확정한다.

⑤ 체비지는 시행자가 환지처분이 공고된 날의 다음 날에 소유권을 취득한다.

⑥ 보류지는 환지계획에서 정한 자가 환지처분이 공고된 날의 다음 날에 소유권을 취득한다.

48 도시개발법령상 조합인 시행자가 면적식으로 환지계획을 수립하여 환지방식에 의한 사업시행을 하는 경우, 환지계획구역의 평균 토지부담률(%)은 얼마인가? (단, 다른 조건은 고려하지 않음)

> • 환지계획구역 면적: 300,000m²
> • 공공시설의 설치로 시행자에게 무상귀속되는 토지면적: 30,000m²
> • 시행자가 소유하는 토지면적: 20,000m²
> • 보류지 면적: 162,500m²

① 40 ② 45

③ 50 ④ 55

⑤ 60

49 도시개발법령상 도시개발채권에 관한 설명으로 **틀린** 것은?

① 「국토의 계획 및 이용에 관한 법률」에 따른 토지 분할 허가를 받은 자는 도시개발채권을 매입하여야 한다.

② 도시개발채권은 「주식·사채 등의 전자등록에 관한 법률」에 따라 전자등록하여 발행하거나 무기명으로 발행할 수 있으며, 발행방법에 관한 세부적인 사항은 시·도의 조례로 정한다.

③ 시·도지사가 도시개발채권을 발행하려면 행정안전부장관의 승인을 받아야 한다.

④ 도시개발채권의 상환기간은 5년부터 10년까지의 범위에서 지방자치단체의 조례로 정한다.

⑤ 도시개발채권의 소멸시효는 상환일부터 기산하여 원금은 5년, 이자는 2년으로 한다.

출제예상

도시개발법령상 국가 또는 지방자치단체인 시행자에게 국고에서 전부를 보조하거나 융자할 수 있는 대상을 모두 고른 것은?

㉠ 항만·도로 및 철도의 공사비	㉡ 하수도 및 폐기물처리시설의 공사비
㉢ 도시개발구역 안의 공동구의 공사비	㉣ 이주단지의 조성비

① ㉠ ② ㉠, ㉡ ③ ㉠, ㉢
④ ㉠, ㉡, ㉢ ⑤ ㉠, ㉡, ㉢, ㉣

> 정답 ⑤

---

50 도시 및 주거환경정비법령상 도시·주거환경정비기본계획(이하 '기본계획'이라 함)에 관한 설명으로 **틀린** 것은?

① 광역시장이 기본계획을 수립하거나 변경하려면 관계 행정기관의 장과 협의한 후 지방도시계획위원회의 심의를 거쳐야 한다.

② 기본계획 수립권자는 기본계획을 수립하려는 경우에는 14일 이상 주민에게 공람하여 의견을 들어야 한다.

③ 대도시 시장은 기본계획의 내용 중 건폐율 및 용적률을 각 15%를 변경하는 경우에는 지방의회의 의견청취를 생략할 수 없다.

④ 기본계획에는 세입자에 대한 주거안정대책이 포함되어야 한다.

⑤ 기본계획의 작성방법은 국토교통부장관이 정한다.

51 도시 및 주거환경정비법령상 도시·주거환경정비기본계획(이하 '기본계획'이라 함)에 관한 설명으로 옳은 것은?

① 대도시 시장이 아닌 시장이 기본계획의 내용 중 사회복지시설 및 주민문화시설 등의 설치계획을 변경하는 경우에는 도지사의 승인을 받아야 한다.

② 대도시의 경우 도지사가 기본계획을 수립할 필요가 없다고 인정하는 경우에는 기본계획을 수립하지 아니할 수 있다.

③ 군수는 기본계획에 대하여 5년마다 타당성 여부를 검토하여 그 결과를 기본계획에 반영하여야 한다.

④ 기본계획의 수립권자는 기본계획에 생활권별 주거지의 정비·보전·관리의 방향이 포함된 경우에는 정비예정구역의 개략적인 범위 및 단계별 정비사업 추진계획을 생략할 수 있다.

⑤ 대도시 시장이 아닌 시장이 기본계획을 수립하거나 변경한 때에는 도지사에게 보고하여야 한다.

52 도시 및 주거환경정비법령상 정비계획을 변경하는 경우에 주민설명회, 주민공람 및 지방의회 의견청취 절차를 생략할 수 있는 경우가 <u>아닌</u> 것은?

① 건축물의 최고 높이를 변경하는 경우

② 건축물의 건폐율 또는 용적률을 10% 미만 범위에서 확대하는 경우

③ 재난방지에 관한 계획을 변경하는 경우

④ 정비사업 시행예정시기를 5년의 범위 안에서 조정하는 경우

⑤ 정비기반시설의 규모를 10% 미만 범위에서 변경하는 경우

53 도시 및 주거환경정비법령상 정비구역에서의 행위 중 시장·군수 등의 허가를 받지 않고 정비구역 안에서 할 수 있는 행위로 옳은 것은?

> ㉠ 농림수산물의 생산에 직접 이용되는 버섯재배사의 설치
> ㉡ 「건축법」에 따른 건축물의 대수선
> ㉢ 이동이 쉽지 아니한 물건을 2개월 동안 쌓아놓는 행위
> ㉣ 죽목의 벌채
> ㉤ 경작지에서의 관상용 죽목의 임시식재

① ㉠, ㉡
② ㉡, ㉤
③ ㉢, ㉣
④ ㉠, ㉡, ㉤
⑤ ㉠, ㉣, ㉤

54 도시 및 주거환경정비법령상 정비사업조합에 관한 설명으로 옳은 것은?

① 조합임원은 조합원 5분의 1 이상의 요구로 소집된 총회에서 조합원 과반수의 출석과 출석 조합원 과반수의 동의를 받아 해임할 수 있다.

② 재건축사업의 추진위원회가 조합을 설립하려는 경우에 주택단지가 아닌 지역이 정비구역에 포함된 때에는 주택단지가 아닌 지역의 토지 또는 건축물 소유자의 4분의 3 이상 및 토지면적 2분의 1 이상의 동의를 받아야 한다.

③ 재건축사업의 경우에는 조합원으로서 정비구역에 위치한 건축물과 그 부속토지를 5년 이상 소유하고 있는 자는 조합의 감사가 될 수 있다.

④ 예산으로 정한 사항 외에 조합원의 부담이 될 계약에 관한 사항은 대의원회에서 총회의 권한을 대행할 수 있다.

⑤ 토지등소유자의 수가 150명인 경우에는 이사의 수를 3명 이상으로 한다.

⑥ 퇴임된 임원이 퇴임 전에 관여한 행위는 그 효력을 잃는다.

출제예상

도시 및 주거환경정비법령상 조합총회의 의결사항 중 대의원회가 대행할 수 <u>없는</u> 사항을 모두 고른 것은?

> ㉠ 조합의 합병
> ㉡ 정비사업비 변경에 관한 사항
> ㉢ 이사, 감사의 보궐선임
> ㉣ 조합장의 해임
> ㉤ 정비사업비의 조합원별 분담내역
> ㉥ 정비사업전문관리업자의 변경

① ㉠, ㉡, ㉢, ㉣   ② ㉠, ㉡, ㉣, ㉤
③ ㉠, ㉡, ㉣, ㉥   ④ ㉠, ㉡, ㉤, ㉥
⑤ ㉠, ㉡, ㉣, ㉤, ㉥

> 정답 ③

148 김희상 부동산공법

55 도시 및 주거환경정비법령상 조합이 정관을 변경하기 위하여 조합원 3분의 2 이상의 찬성이 필요한 사항이 <u>아닌</u> 것은?

① 조합임원의 수 및 업무범위
② 시공자·설계자의 선정 및 계약서에 포함될 사항
③ 정비구역의 위치 및 면적에 관한 사항
④ 조합의 비용부담 및 조합의 회계에 관한 사항
⑤ 정비사업비의 부담 시기 및 절차에 관한 사항

56 도시 및 주거환경정비법령상 재개발사업을 시행하기 위하여 조합을 설립하고자 할 때, 다음 표의 예시에서 산정되는 토지등소유자의 수로 옳은 것은? (단, 권리 관계는 제시된 것만 고려하며, 토지는 정비구역 안에 소재함)

지번	토지소유자	건축물 소유자	지상권자
1	A	B	
2	C		D
3	E		F
4	B	B	

① 3명   ② 4명
③ 5명   ④ 6명
⑤ 7명

57 도시 및 주거환경정비법령상 주민대표회의 등에 관한 설명으로 옳은 것은?

① 토지등소유자가 신탁업자의 사업시행을 원하는 경우에는 정비구역 지정·고시 후 주민대표회의를 구성하여야 한다.
② 주민대표회의는 위원장을 포함하여 5명 이상 20명 이하로 구성한다.
③ 주민대표회의는 토지등소유자 3분의 2 이상의 동의를 받아 구성한다.
④ 주민대표회의에는 위원장과 부위원장 각 1명과 1명 이상 3명 이하의 이사를 둔다.
⑤ 세입자는 사업시행자가 정비사업비의 부담의 사항에 관하여 시행규정을 정하는 때에 의견을 제시할 수 있다.

58 도시 및 주거환경정비법령상 정비사업의 시행에 관한 설명으로 옳은 것은?

① 인가받은 사업시행계획 중 건축물이 아닌 부대·복리시설의 위치를 변경하려는 때에는 시장·군수 등에게 신고하여야 한다.

② 재개발사업은 인가받은 관리처분계획에 따라 건축물을 건설하여 공급하는 방법 및 환지로 공급하는 방법을 혼용할 수 있다.

③ 주거환경개선사업을 위한 정비구역에서 오피스텔을 건축하는 경우에는 「국토의 계획 및 이용에 관한 법률」에 따른 준주거지역 및 상업지역에서만 건설할 수 있다.

④ 조합의 정관에는 정비사업이 종결된 때의 청산절차가 포함되어야 한다.

⑤ 조합설립인가 후 시장·군수 등이 지방공사를 사업시행자로 지정·고시한 때에는 그 고시일에 조합설립인가가 취소된 것으로 본다.

59 도시 및 주거환경정비법령상 관리처분계획에 관한 설명으로 **틀린** 것은?

① 시장·군수 등은 관리처분계획의 타당성 검증을 요청하는 경우에는 관리처분계획의 신청을 받은 날부터 60일 이내에 인가 여부를 결정하여 사업시행자에게 통지하여야 한다.

② 분양설계에 관한 계획은 분양신청기간이 만료되는 날을 기준으로 하여 수립한다.

③ 재개발사업의 시행자는 관리처분계획에 따라 정비기반시설 및 공동이용시설을 새로 설치하여야 한다.

④ 재개발사업에서 지방자치단체인 토지등소유자가 하나 이상의 주택 또는 토지를 소유한 경우에는 소유한 주택 수만큼 공급할 수 있다.

⑤ 주거환경개선사업의 관리처분은 정비구역 안의 지상권자에 대한 분양을 제외하여야 한다.

출제예상

도시 및 주거환경정비법령상 관리처분계획에 따른 처분 등에 관한 설명으로 **틀린** 것은?

① 정비사업의 시행으로 조성된 대지 및 건축물은 관리처분계획에 따라 처분 또는 관리하여야 한다.

② 분양신청기간은 20일의 범위에서 한 차례만 연장할 수 있다.

③ 기숙사 용도로 주택을 소유하고 있는 토지등소유자에게는 소유한 주택 수만큼 주택을 공급할 수 있다.

④ 국토교통부장관은 정비구역에서 바닥면적이 $50m^2$인 사실상 주거를 위하여 사용하는 건축물을 소유한 자로서 토지를 소유하지 아니한 자의 요청이 있는 경우에는 인수한 임대주택의 일부를 토지임대부 분양주택으로 전환하여 공급하여야 한다.

⑤ 사업시행자는 분양신청을 받은 후 잔여분이 있는 경우에는 사업시행계획으로 정하는 목적을 위하여 보류지로 정할 수 있다.

> 정답 ④

60 도시 및 주거환경정비법령상 관리처분계획에 관한 설명으로 옳은 것은?

① 사업시행자의 변동에 따른 권리·의무의 변동이 있는 경우로서 분양설계의 변동을 수반하는 경우에는 시장·군수 등에게 신고하여야 한다.

② 토지주택공사 등은 조합이 요청하는 경우 재개발사업의 시행으로 건설된 임대주택을 인수하여야 한다.

③ 관리처분계획 인가고시가 있은 때에는 종전의 토지의 임차권자는 사업시행자의 동의를 받더라도 소유권의 이전고시가 있는 날까지 종전의 토지를 사용할 수 없다.

④ 재건축사업의 관리처분은 조합이 조합원 전원의 동의를 받더라도 법령상 정해진 관리처분 기준과 달리 정할 수 없다.

⑤ 지분형 주택의 공동소유기간은 20년의 범위에서 사업시행자가 정하는 기간으로 한다.

61 도시 및 주거환경정비법령상 공사완료에 따른 조치 등에 관한 설명으로 옳은 것을 모두 고른 것은?

> ㉠ 사업시행자인 지방공사가 정비사업 공사를 완료한 때에는 시장·군수 등의 준공인가를 받지 않아도 된다.
> ㉡ 대지 또는 건축물을 분양받을 자는 소유권 이전고시가 있은 날의 다음 날에 그 대지 또는 건축물의 소유권을 취득한다.
> ㉢ 청산금을 지급받을 권리 또는 이를 징수할 권리는 소유권 이전의 고시일로부터 5년간 행사하지 아니하면 소멸한다.
> ㉣ 정비구역에 있는 토지 또는 건축물에 저당권을 설정한 권리자는 사업시행자가 저당권이 설정된 토지 또는 건축물의 소유자에게 청산금을 지급하기 전에 압류절차를 거쳐 저당권을 행사할 수 있다.
> ㉤ 준공인가에 따라 정비구역의 지정이 해제되면 조합도 해산된 것으로 본다.

① ㉡, ㉣　　　　　　　　② ㉠, ㉡
③ ㉠, ㉡, ㉣　　　　　　④ ㉢, ㉣, ㉤
⑤ ㉠, ㉡, ㉢, ㉣

출제예상

도시 및 주거환경정비법령상 국가 또는 지방자치단체가 시장·군수 등이 아닌 시행자에게 필요한 비용의 80퍼센트 이내에서 융자하거나 융자를 알선할 수 있는 사항이 <u>아닌</u> 것은? (단, 조례는 고려하지 않음)

① 기초조사비　　　　　　② 정비기반시설 및 임시거주시설 사업비
③ 세입자 보상비　　　　　④ 주민 이주비
⑤ 조합운영경비

> 정답 ⑤

62 건축법령상 용어에 관한 설명으로 옳은 것은?

① 건축물의 지붕틀을 해체하여 같은 대지의 다른 위치로 옮기는 것은 이전에 해당한다.

② 내력벽, 사이 기둥, 바닥, 보, 지붕틀 및 주계단은 건축물의 주요구조부에 해당한다.

③ 기존 건축물이 있는 대지에서 건축물의 내력벽을 증설하여 연면적을 늘리는 것은 증축에 해당한다.

④ 층수가 15층이고 바닥면적의 합계가 6,000m²인 일반숙박시설은 다중이용건축물에 해당한다.

⑤ 건축물이 초고층건축물에 해당하려면 층수가 50층 이상이고 높이가 200m 이상이어야 한다.

63 건축법령상 건축법이 모두 적용되지 않는 건축물만을 모두 고른 것은? (단, 건축법 이외의 특례는 고려하지 않음)

> ㉠ 「문화유산의 보존 및 활용에 관한 법률」에 따른 지정문화유산
> ㉡ 철도의 선로 부지에 있는 플랫폼
> ㉢ 공공도서관
> ㉣ 고속도로 통행료 징수시설
> ㉤ 「하천법」에 따른 하천구역 내의 수문조작실

① ㉠, ㉡, ㉢   ② ㉠, ㉡, ㉣

③ ㉠, ㉡, ㉤   ④ ㉠, ㉡, ㉣, ㉤

⑤ ㉠, ㉡, ㉢, ㉣, ㉤

64 건축법령상 특별자치시장·특별자치도지사 또는 시장·군수·구청장에게 신고하고 축조하여야 하는 공작물에 해당하는 것은? (단, 건축물과 분리하여 축조한 경우이며, 공용건축물에 관한 특례 규정은 고려하지 않음)

① 바닥면적 25제곱미터의 지하대피호

② 높이 4미터의 기념탑

③ 높이 7미터의 고가수조

④ 높이 5미터의 「신에너지 및 재생에너지 개발·이용·보급촉진법」에 따른 태양에너지를 이용한 발전설비

⑤ 높이 7미터의 골프연습장 등의 운동시설을 위한 철탑

건축법령상 지구단위계획구역이 아닌 농림지역으로서 동이나 읍이 아닌 지역에서 적용하지 않는 규정으로 옳은 것은?

① 「건축법」제40조 대지의 안전 등
② 「건축법」제45조 도로의 지정·폐지 또는 변경
③ 「건축법」제55조 건폐율
④ 「건축법」제56조 용적률
⑤ 「건축법」제58조 대지 안의 공지

> 정답 ②

---

65 건축법령상 대수선에 해당하는 것을 모두 고른 것은?

> ㉠ 기둥을 4개 변경하는 것
> ㉡ 방화구획을 위한 벽을 20m² 수선하는 것
> ㉢ 기존 건축물이 있는 대지에서 특별피난계단을 증설하여 건축면적을 늘리는 것
> ㉣ 내력벽의 벽면적을 40m² 수선하는 것
> ㉤ 건축물의 주요구조부를 해체하지 아니하고 같은 대지의 다른 위치로 옮기는 것

① ㉠, ㉡, ㉣
② ㉠, ㉢, ㉣
③ ㉠, ㉢, ㉤
④ ㉡, ㉢, ㉣, ㉤
⑤ ㉠, ㉢, ㉣, ㉤

66 건축법령상 甲은 A광역시 B구에서 건축물의 용도를 변경하려고 한다. 건축법령상 이에 관한 설명으로 옳은 것은?

① 독서실을 무도학원으로 용도를 변경하는 경우에는 B구청장에게 신고를 하여야 한다.
② 위락시설을 숙박시설로 용도를 변경하는 경우에는 B구청장에게 허가를 받아야 한다.
③ 제2종 근린생활시설 중 다중생활시설을 동물병원으로 용도를 변경하는 경우에는 A광역시장에게 신고하여야 한다.
④ B구청장은 甲이 종교시설과 운동시설의 복수 용도로 용도변경을 신청한 경우 지방건축위원회의 심의를 거쳐 이를 허용할 수 있다.
⑤ 신고대상인 경우로서 용도변경하려는 부분의 바닥면적의 합계가 600m²인 경우에는 그 설계는 건축사가 하여야 한다.
⑥ 허가대상인 경우로서 용도변경하려는 부분의 바닥면적의 합계가 800m²인 경우에는 사용승인을 받지 않아도 된다.

67 건축법령상 시장·군수가 건축허가를 하기 위해 도지사의 사전승인을 받아야 하는 건축물로 옳은 것은?

① 연면적의 10분의 3을 증축하여 층수가 21층이 되는 창고

② 주거환경을 보호하기 위하여 도지사가 지정·공고한 구역에 건축하는 연면적의 합계가 700m²이고 2층인 다중생활시설

③ 수질을 보호하기 위하여 도지사가 지정·공고한 구역에 건축하는 연면적의 합계가 1,500m²인 3층의 안마시술소

④ 연면적의 10분의 4를 증축하여 연면적의 합계가 10만m²인 공장

⑤ 자연환경을 보호하기 위하여 도지사가 지정·공고한 구역에 건축하는 연면적의 합계가 2,000m²인 4층의 아동복지시설

68 건축법령상 건축신고를 하면 건축허가를 받은 것으로 볼 수 있는 경우만을 모두 고른 것은?

> ㉠ 연면적 150m²인 2층 건축물의 대수선
> ㉡ 연면적 300m²인 2층 건축물의 기둥 4개를 수선
> ㉢ 연면적 250m²인 3층 건축물의 방화벽 증설
> ㉣ 바닥면적 100m²인 단층 건축물의 신축
> ㉤ 1층 바닥면적 60m², 2층 바닥면적 30m²인 2층 건축물의 신축

① ㉠, ㉡, ㉣ 　　② ㉠, ㉢, ㉣
③ ㉠, ㉢, ㉤ 　　④ ㉡, ㉢, ㉣, ㉤
⑤ ㉠, ㉡, ㉣, ㉤

[출제예상]

건축법령상 건축허가와 건축신고에 관한 설명으로 틀린 것은?

① 건축허가를 받은 건축물의 공사감리자를 변경하려면 신고를 하여야 한다.

② 건축신고를 한 자가 신고일부터 1년 이내에 공사에 착수하지 아니하면 그 신고의 효력이 없어진다.

③ 연면적이 180m²이고 3층인 건축물의 대수선은 건축허가 대상이다.

④ 건축법상 건축허가를 받으면 「사도법」에 따른 사도개설허가를 받은 것으로 본다.

⑤ 연면적의 합계가 300m²인 건축물의 높이를 3m 증축할 경우 건축허가 대상이다.

> 정답 ⑤

69 건축법령상 건축허가의 제한 및 착공제한에 관한 설명으로 **틀린** 것은?

① 국토교통부장관은 건축허가나 착공을 제한하는 경우 제한목적·기간, 대상 건축물의 용도와 대상 구역의 위치·면적·경계를 지체 없이 공고하여야 한다.

② 특별시장·광역시장·도지사는 지역계획 또는 도시·군계획에 특히 필요하다고 인정하면 시장·군수 또는 구청장의 건축허가를 제한할 수 있다.

③ 국토교통부장관은 문화체육관광부장관이 국가유산의 보존을 위하여 요청하면 허가권자의 건축허가를 제한할 수 있다.

④ 건축허가나 착공을 제한하는 경우 제한기간은 2년 이내로 하되, 1회에 한하여 1년 이내의 범위에서 연장할 수 있다.

⑤ 특별시장·광역시장·도지사가 건축허가를 제한한 경우 즉시 국토교통부장관에게 보고하여야 하며, 보고를 받은 국토교통부장관은 제한의 내용이 지나치다고 인정하면 해제를 명할 수 있다.

70 건축법령상 대지의 조경 및 공개공지 등에 관한 설명으로 **틀린** 것은? (단, 건축법상 특례는 고려하지 않음)

① 도시·군계획시설에 건축하는 가설건축물의 경우에는 조경 등의 조치를 하지 아니할 수 있다.

② 면적이 5,000㎡ 미만인 대지에 건축하는 공장에 대하여는 조경 등의 조치를 하지 아니할 수 있다.

③ 대지에 공개공지 등을 확보하여야 하는 건축물의 경우 공개공지 등을 설치하는 경우에는 대지면적에 대한 공개공지 등 면적 비율에 따라 해당 지역에 적용하는 용적률의 1.2배 이하의 범위에서 완화하여 적용한다.

④ 자연녹지지역에 건축하는 연면적이 600㎡인 노유자시설은 조경 등의 조치를 하지 아니할 수 있다.

⑤ 준주거지역의 건축물에 설치하는 공개공지 등의 면적은 건축면적의 100분의 10 이하의 범위에서 건축조례로 정한다.

71 건축법령상 공개공지 등을 설치하여야 하는 건축물로 옳은 것은?

① 일반주거지역에 건축하는 해당 용도로 쓰는 바닥면적의 합계가 6,000㎡인 한방병원

② 준주거지역에 건축하는 해당 용도로 쓰는 바닥면적의 합계가 5,000㎡인 관광호텔

③ 중심상업지역에 건축하는 해당 용도로 쓰는 바닥면적의 합계가 7,000㎡인 카지노영업소

④ 준공업지역에 건축하는 해당 용도로 쓰는 바닥면적의 합계가 8,000㎡인 도서관

⑤ 일반공업지역에 건축하는 해당 용도로 쓰는 바닥면적의 합계가 7,000㎡인 여객자동차터미널

72 건축법령상 대지와 도로 등에 관한 설명으로 옳은 것은?

① 시장·군수·구청장은 건축물의 위치나 환경을 정비하기 위하여 필요하다고 인정하면 관리지역에서 4m 이하의 범위에서 건축선을 따로 지정할 수 있다.

② 연면적의 합계가 2,000m²인 작물재배사의 대지는 너비 6m 이상의 도로에 4m 이상 접하여야 한다.

③ 도로면으로부터 높이 4.5m 이하에 있는 출입구, 창문, 그 밖에 이와 유사한 구조물은 열고 닫을 때 건축선의 수직면을 넘는 구조로 할 수 있다.

④ 건축물과 담장의 지표 위 부분은 건축선의 수직면을 넘어서는 아니 된다.

⑤ 이해관계인이 해외에 거주하는 등 이해관계인의 동의를 받기가 곤란하다고 허가권자가 인정하는 경우에는 이해관계인의 동의 없이 건축위원회의 심의를 거쳐 도로를 변경할 수 있다.

73 건축법령상 1,000m²의 대지에 건축한 건축물의 용적률은 얼마인가? (단, 제시된 조건 외에 다른 조건은 고려하지 않음)

- 하나의 건축물로서 지하 2개층, 지상 6개층으로 구성되어 있으며, 지붕은 평지붕임
- 건축면적은 500m²이고 지하층 포함 각 층의 바닥면적은 450m²로 동일함
- 지하 2층은 전부 주차장, 지하 1층은 일반음식점으로 사용됨
- 지상 6개 층은 전부 업무시설로 사용됨

① 240%   ② 270%
③ 315%   ④ 360%
⑤ 400%

74 건축법령상 건축물의 가구·세대 등 간 소음방지를 위한 층간바닥(화장실의 바닥은 제외)을 설치하여야 하는 경우에 해당하지 않는 것은?

① 업무시설 중 오피스텔   ② 제2종 근린생활시설 중 다중생활시설
③ 단독주택 중 다가구주택   ④ 숙박시설 중 다중생활시설
⑤ 노유자시설 중 노인요양시설

75 건축법령상 고층건축물의 피난시설에 관한 내용으로 ( )에 들어갈 내용을 옳게 연결한 것은? (단, 주어진 조건 외에 다른 조건은 고려하지 않음)

> 층수가 45층이고 높이가 180m인 (㉠) 건축물에는 피난층 또는 지상으로 통하는 직통계단 과 직접 연결되는 피난안전구역을 해당 건축물 전체 층수의 (㉡)에 해당하는 층으로부터 상하 (㉢)개 층 이내에 1개소 이상 설치하여야 한다.

① ㉠: 준초고층, ㉡: 2분의 1, ㉢: 5   ② ㉠: 초고층, ㉡: 3분의 1, ㉢: 5
③ ㉠: 준초고층, ㉡: 4분의 1, ㉢: 4   ④ ㉠: 초고층, ㉡: 2분의 1, ㉢: 4
⑤ ㉠: 준초고층, ㉡: 2분의 1, ㉢: 6

76 건축법령상 다음의 예시에서 정한 건축물의 높이로 옳은 것은?

> • 건축물의 용도: 판매시설
> • 건축면적: 560m^2
> • 층고가 4m인 5층 건축물
> • 옥상에 설치된 장식탑: 높이가 15m이고, 수평투영면적이 60m^2

① 20m   ② 23m   ③ 29m
④ 35m   ⑤ 42m

77 건축법령상 건축물의 높이 제한에 관한 설명으로 옳은 것은? (단, 건축법에 따른 적용 특례 및 조례는 고려하지 않음)

① 전용주거지역에서 높이가 10m 이하인 건축물을 건축하는 경우에는 일조 등의 확보를 위하여 정북방향의 인접대지 경계선으로부터 건축물 각 부분 높이의 2분의 1 이상 띄어 건축하여야 한다.

② 시장·군수·구청장은 도시의 관리를 위하여 필요하면 가로구역별 건축물의 높이를 시·군·구 조례로 정할 수 있다.

③ 제3종 일반주거지역 안에서 건축하는 건축물에 대하여는 일조 등의 확보를 위한 높이 제한이 적용된다.

④ 일반상업지역에 건축하는 공동주택으로서 하나의 대지에 두 동(棟) 이상을 건축하는 경우에는 채광의 확보를 위한 높이 제한에 관한 규정이 적용된다.

⑤ 3층 이하로서 높이가 12m 이하인 건축물에는 해당 지방자치단체의 조례로 정하는 바에 따라 일조 등의 확보를 위한 높이 제한에 관한 규정을 적용하지 아니할 수 있다.

78 건축법령상 건축물의 면적 등의 산정방법으로 옳은 것은?

① 건축물 지상층에 일반인이나 차량이 통행할 수 있도록 설치된 보행통로나 차량통로는 건축면적에 산입하지 아니한다.

② 경사진 형태의 지붕인 경우에는 층고가 2m인 다락의 경우에는 바닥면적에 산입하지 아니한다.

③ 건축물의 1층이 공중의 통행이나 차량의 통행 또는 주차에 전용되는 필로티인 경우에는 그 면적은 바닥면적에 산입한다.

④ 경사지붕 아래에 설치하는 대피공간의 면적은 용적률을 산정할 때 연면적에 포함한다.

⑤ 공동주택으로서 지상층에 설치한 기계실, 전기실, 어린이 놀이터, 조경시설은 바닥면적에 산입한다.

79 건축법령상 특별건축구역에 관한 설명으로 옳은 것은?

① 시·도지사는 「택지개발촉진법」에 따른 택지개발사업구역을 특별건축구역으로 지정할 수 없다.

② 「자연공원법」에 따른 자연공원은 특별건축구역으로 지정될 수 있다.

③ 특별건축구역에서의 건축기준의 특례사항은 한국토지주택공사가 건축하는 건축물에 적용되지 않는다.

④ 특별건축구역에서 「도시공원 및 녹지 등에 관한 법률」에 따른 공원의 설치에 관한 규정은 개별 건축물마다 적용하지 아니하고 특별건축구역의 전부 또는 일부를 대상으로 통합하여 적용할 수 있다.

⑤ 특별건축구역을 지정한 경우에는 「국토의 계획 및 이용에 관한 법률」에 따른 용도지역·지구·구역의 지정이 있는 것으로 본다.

80 건축법령상 건축협정에 관한 설명으로 틀린 것은?

① 건축물의 소유자 등은 전원의 합의로 건축물의 건축·대수선 또는 리모델링에 관한 건축협정을 체결할 수 있다.

② 건축협정은 건축물의 지붕 및 외벽의 형태에 관한 사항을 포함하여야 한다.

③ 건축협정 체결 대상 토지가 둘 이상의 특별자치시 또는 시·군·구에 걸치는 경우 건축협정 체결 대상 토지면적의 과반(過半)이 속하는 건축협정인가권자에게 인가를 신청할 수 있다.

④ 건축협정을 폐지하려면 협정체결자 과반수의 동의를 받아 건축협정인가권자에게 인가를 받아야 한다.

⑤ 건축협정의 인가를 받은 건축협정구역에서 연접한 대지에 대하여는 지하층의 설치에 관한 규정을 개별 건축물마다 적용하여야 한다.

81 주택법령상 용어에 관한 설명으로 옳은 것은?

① 단독주택에는 「건축법 시행령」에 따른 단독주택, 다중주택, 공관이 포함된다.

② 지방공사가 수도권에 건설한 주거전용면적이 1세대당 70㎡인 연립주택은 국민주택에 해당한다.

③ 「혁신도시 조성 및 발전에 관한 특별법」에 따른 혁신도시개발사업에 의하여 개발·조성되는 단독주택이 건설되는 용지는 공공택지에 해당한다.

④ 간선시설이란 도로·상하수도·전기시설·가스시설·통신시설·지역난방시설 등을 말한다.

⑤ 주택단지에 해당하는 토지가 폭 15m인 일반도로로 분리된 경우, 분리된 토지는 각각 별개의 주택단지로 본다.

⑥ 공구란 하나의 주택단지에서 둘 이상으로 구분되는 일단의 구역으로서 전체 세대수는 300세대 이상으로 해야 한다.

82 주택법령상 도시형 생활주택에 관한 설명으로 옳은 것을 모두 고른 것은?

> ㉠ 하나의 건축물에는 단지형 연립주택 또는 단지형 다세대주택과 소형 주택을 함께 건축할 수 있다.
> ㉡ 사업등록이 필요한 경우로서 연간 20세대 이상의 도시형 생활주택을 건설하려는 자는 국토교통부장관에게 등록하여야 한다.
> ㉢ 「수도권정비계획법」에 따른 수도권의 경우 도시형 생활주택 중 소형 주택은 세대별 주거전용면적이 60㎡ 이하이어야 한다.
> ㉣ 「국토의 계획 및 이용에 관한 법률」에 따른 상업지역에서는 하나의 건축물에 소형 주택과 도시형 생활주택이 아닌 주택을 함께 건축할 수 있다.

① ㉠

② ㉠, ㉡

③ ㉡, ㉢

④ ㉢, ㉣

⑤ ㉠, ㉡, ㉢, ㉣

83 주택법령상 용어에 관한 설명으로 옳은 것을 모두 고른 것은?

> ㉠ 폭 12m인 도시계획예정도로로 분리된 토지는 각각 별개의 주택단지이다.
> ㉡ 「건축법 시행령」에 따른 다중생활시설은 준주택에 해당한다.
> ㉢ 300세대인 국민주택규모의 단지형 연립주택은 도시형 생활주택에 해당한다.
> ㉣ 기존 층수가 16층인 건축물에 수직증축형 리모델링이 허용되는 경우에는 2개층까지 증축할 수 있다.

① ㉠

② ㉠, ㉡

③ ㉡, ㉢

④ ㉠, ㉡, ㉢

⑤ ㉠, ㉡, ㉢, ㉣

출제예상

주택법령상 등록사업자의 주택건설공사 시공기준에 관한 규정의 일부이다. (   )에 들어갈 숫자를 바르게 나열한 것은?

> 제17조(등록사업자의 주택건설공사 시공기준) ① 법 제7조에 따라 주택건설공사를 시공하려는 등록사업자는 다음 각 호의 요건을 모두 갖추어야 한다.
> 1. 자본금이 (㉠)억원(개인인 경우에는 자산평가액이 10억원) 이상일 것
> 2. 건설기준 진흥법 시행령 별표 1에 따른 건축 분야 및 토목 분야 기술인 (㉡)명 이상을 보유하고 있을 것 〈이하 생략〉
> 3. 최근 5년간의 주택건설 실적이 (㉢)호 또는 (㉢)세대 이상일 것

① ㉠: 3, ㉡: 5, ㉢: 100   ② ㉠: 5, ㉡: 3, ㉢: 100
③ ㉠: 5, ㉡: 3, ㉢: 200   ④ ㉠: 6, ㉡: 5, ㉢: 300
⑤ ㉠: 7, ㉡: 1, ㉢: 500

> 정답 ②

84 주택법령상 주택조합에 관한 설명으로 옳은 것은?

① 국민주택을 공급받기 위하여 직장주택조합을 설립하려는 자는 관할 시장·군수·구청장의 인가를 받아야 한다.

② 업무대행자의 선정·변경 및 업무대행계약의 체결에 관한 사항을 의결하는 총회의 경우에는 조합원 100분의 10 이상이 직접 출석하여야 한다.

③ 주거전용면적이 85㎡ 이하인 주택 1채를 소유하고 있는 세대주인 자는 국민주택을 공급받기 위하여 설립하는 직장주택조합의 조합원이 될 수 있다.

④ 조합설립인가를 받은 후 추가모집되는 자와 충원되는 자의 조합원 자격요건을 갖추었는지를 판단할 때에는 해당 조합설립인가일을 기준으로 판단한다.

⑤ 지역주택조합의 경우 조합원 추가모집 승인과 조합원 추가모집에 따른 주택조합의 변경인가 신청은 사업계획승인신청일까지 하여야 한다.

85 주택법령상 주택조합에 관한 설명으로 틀린 것은?

① 지역주택조합은 설립인가를 받은 날부터 2년 이내에 사업계획승인을 신청하여야 한다.

② 지역주택조합의 설립인가를 받으려는 자는 해당 주택건설대지의 80% 이상에 해당하는 토지의 사용권원을 확보하고, 해당 주택건설대지의 15% 이상에 해당하는 토지의 소유권을 확보하여야 한다.

③ 국토교통부장관은 주택조합의 원활한 사업추진 및 조합원의 권리 보호를 위하여 공정거래위원회 위원장과 협의를 거쳐 표준업무대행계약서를 작성·보급할 수 있다.

④ 지역주택조합은 임대주택으로 건설·공급하여야 하는 세대수를 포함한 주택건설예정세대수의 50% 이상의 조합원으로 구성하되, 조합원은 20명 이상이어야 한다.

⑤ 조합원 공개모집 이후에 조합원의 사망으로 결원을 충원하는 경우에는 시장·군수·구청장에게 신고하지 아니하고 선착순의 방법으로 조합원을 모집할 수 있다.

86 주택법령상 주택조합의 가입철회 및 가입비 등의 반환에 관한 설명으로 옳은 것은?

① 주택조합의 가입을 신청한 자는 가입비 등을 예치한 날부터 15일 이내에 주택조합 가입에 관한 청약을 철회할 수 있다.

② 모집주체는 주택조합의 가입을 신청한 자가 청약철회를 한 경우 청약 철회 의사가 도달한 날부터 5일 이내에 예치기관의 장에게 가입비 등의 반환을 요청하여야 한다.

③ 청약 철회를 서면으로 하는 경우에는 청약 철회의 의사표시가 서면으로 도달한 날에 그 효력이 발생한다.

④ 예치기관의 장은 가입비 등의 반환 요청을 받은 경우에는 요청일부터 10일 이내에 그 가입비 등을 예치한 자에게 반환하여야 한다.

⑤ 모집주체는 주택조합의 가입을 신청한 자에게 청약 철회를 이유로 위약금 또는 손해배상을 청구할 수 있다.

87 주택법령상 주택상환사채에 관한 설명으로 옳은 것은?

① 지방공사가 주택상환사채를 발행하려면 금융기관 또는 주택도시보증공사의 보증을 받지 않아도 된다.

② 주택상환사채의 상환기간은 주택상환사채발행일부터 주택의 공급계약체결일까지의 기간으로 한다.

③ 주택상환사채를 발행하려는 자는 주택상환사채발행계획을 수립하여 행정안전부장관의 승인을 받아야 한다.

④ 등록사업자의 등록이 말소된 경우에는 등록사업자가 발행한 주택상환사채의 효력은 상실된다.

⑤ 주택상환사채의 납입금은 주택건설자재를 구입하는 용도로는 사용할 수 없다.

88 주택법령상 사업계획승인에 관한 설명으로 **틀린** 것은?

① 한국토지주택공사인 사업주체가 A광역시 B구에서 대지면적 15만㎡에 80호의 한옥 건설사업을 시행하려는 경우에는 국토교통부장관으로부터 사업계획승인을 받아야 한다.

② 주택건설사업을 시행하려는 자는 전체 세대수가 600세대 이상인 주택단지는 공구별로 분할하여 주택을 건설·공급할 수 있다.

③ 사업주체는 최초로 공사를 진행하는 공구 외의 공구에서는 해당 주택단지에 대한 사업계획승인을 받은 날부터 5년 이내에 공사를 시작하여야 한다.

④ 사업계획승인권자는 사업계획승인의 신청을 받았을 때에는 정당한 사유가 없으면 신청받은 날부터 60일 이내에 사업주체에게 승인 여부를 통보하여야 한다.

⑤ 사업주체가 공공택지의 개발·조성을 위한 계획에 포함된 기반시설의 설치 지연으로 공사 착수가 지연되어 연장신청을 한 경우, 사업계획승인권자는 그 분쟁이 종료된 날부터 1년의 범위에서 공사 착수기간을 연장할 수 있다.

89 주택법령상 사업계획승인에 관한 설명으로 **틀린** 것은?

① 「주택도시기금법」에 따라 주택분양보증을 받은 사업주체가 부도·파산 등으로 공사의 완료가 불가능한 경우 사업계획승인권자는 사업계획승인을 취소할 수 있다.

② 사업계획승인권자는 공사의 착공신고를 받은 날부터 20일 이내에 신고수리 여부를 신고인에게 통지하여야 한다.

③ 사업계획승인권자가 사업계획을 승인할 때 「광업법」에 따른 채굴계획의 인가에 관하여 협의한 사항에 대하여는 해당 인가를 받은 것으로 본다.

④ 주택조합이 사업주체인 경우 건축물의 설계와 용도별 위치를 변경하지 아니하는 범위에서의 도로선형의 변경은 사업계획변경승인을 받아야 한다.

⑤ 지방공사가 동일한 규모의 주택을 대량으로 건설하는 경우에는 국토교통부장관에게 주택의 형별로 표본설계도서를 작성·제출하여 승인을 받을 수 있다.

90 주택법령상 사업계획승인을 받은 사업주체에게 인정되는 매도청구권에 관한 설명으로 **옳은** 것은?

① 사업주체는 매도청구의 대상이 되는 대지의 소유자에게 그 대지를 공시지가로 매도할 것을 청구할 수 있다.

② 사업주체가 주택건설대지면적 중 85%에 대하여 사용권원을 확보한 경우, 사용권원을 확보하지 못한 대지의 모든 소유자에게 매도를 청구할 수 있다.

③ 주택건설사업계획승인을 받은 사업주체는 매도청구대상이 되는 대지의 소유자와 6개월 이상 협의를 하여야 한다.

④ 사업주체가 주택건설대지면적 중 90%에 대하여 사용권원을 확보한 경우, 사용권원을 확보하지 못한 대지의 소유자 중 지구단위계획구역 결정·고시일 10년 이전에 해당 대지의 소유권을 취득하여 계속 보유한 자에 대하여 매도청구를 할 수 없다.

⑤ 주택건설대지 중 사용권원을 확보하지 못한 건축물이 있는 경우 그 건축물은 매도청구의 대상이 되지 않는다.

91 주택법령상 주택의 공급 및 분양가상한제에 관한 설명으로 옳은 것은?

① 「공공주택특별법」에 따른 도심 공공주택 복합사업에서 건설·공급하는 주택은 분양가상한제를 적용하지 아니한다.

② 시장·군수·구청장은 마감자재 목록표와 영상물 등을 사용검사가 있은 날부터 5년 이상 보관하여야 하며, 입주자가 열람을 요구하는 경우에는 이를 공개하여야 한다.

③ 「도시재생 활성화 및 지원에 관한 특별법」에 따른 주거재생혁신지구에서 시행하는 혁신지구재생사업에서 건설·공급하는 주택은 분양가상한제의 적용을 받는다.

④ 국토교통부장관은 투기과열지구로 지정된 지역 중 분양가상한제적용직전월부터 소급하여 3개월간의 주택매매거래량이 전년 동기 대비 10% 증가한 지역을 분양가상한제 적용지역으로 지정할 수 있다.

⑤ 사업주체는 공공택지 외의 택지에서 공급되는 분양가 상한제 적용주택에 대하여 입주자 모집 승인을 받았을 때에는 입주자모집공고에 분양가격을 공시하여야 한다.

92 주택법령상 투기과열지구 및 전매제한에 관한 설명으로 옳은 것은?

① 시·도지사는 투기과열지구지정직전월의 주택분양실적이 전달보다 30% 이상 증가한 지역을 투기과열지구로 지정할 수 있다.

② 국토교통부장관이 투기과열지구를 지정하거나 해제할 경우에는 시장·군수·구청장의 의견을 들어야 한다.

③ 사업주체가 공공택지 외의 택지에서 건설·공급하는 주택을 공급하는 경우에는 그 주택의 소유권을 제3자에게 이전할 수 없음을 소유권에 관한 등기에 부기등기하여야 한다.

④ 등록사업자인 사업주체가 투기과열지구에서 건설·공급하는 주택을 세대원 일부가 3년간 해외에 체류하게 되어 한국토지주택공사의 동의를 받아 전매하는 경우 전매제한이 적용되지 않는다.

⑤ 국토교통부장관은 1년마다 주거정책심의위원회의 회의를 소집하여 투기과열지구로 지정된 지역별로 해당 지역의 주택가격 안정 여건의 변화 등을 고려하여 투기과열지구 지정의 유지 여부를 재검토하여야 한다.

93 주택법령상 조정대상지역 중 과열지역에 관한 조문의 일부이다. (   )에 들어갈 내용으로 옳은 것은?

> 조정대상지역지정직전월부터 소급하여 3개월간의 해당 지역 주택가격상승률이 해당 지역이 포함된 시·도 소비자물가상승률의 (㉠)배를 초과한 지역으로서 다음 각 목의 어느 하나에 해당하는 지역을 말한다.
> 1. 조정대상지역지정직전월부터 소급하여 주택공급이 있었던 2개월 동안 해당 지역에서 공급되는 주택의 월평균 청약경쟁률이 모두 (㉡)을 초과하였거나 국민주택규모 주택의 월평균 청약경쟁률이 모두 10대 1을 초과한 지역
> 2. 조정대상지역지정직전월부터 소급하여 3월간의 분양권(주택의 입주자로 선정된 지위를 말한다) 전매거래량이 직전 연도의 같은 기간보다 (㉢)퍼센트 이상 증가한 지역
> 3. 해당 지역이 속하는 시·도의 주택보급률 또는 자가주택비율이 전국 평균 (㉣)인 지역

① ㉠: 1.5, ㉡: 3대 1, ㉢: 50, ㉣: 초과
② ㉠: 1.3, ㉡: 2대 1, ㉢: 20, ㉣: 이하
③ ㉠: 1.5, ㉡: 5대 1, ㉢: 30, ㉣: 초과
④ ㉠: 1.3, ㉡: 5대 1, ㉢: 30, ㉣: 이하
⑤ ㉠: 1.3, ㉡: 5대 1, ㉢: 20, ㉣: 이하

94 주택법령상 주택의 전매행위 제한 등에 관한 설명으로 옳은 것은?
① 제한되는 전매에는 매매·증여·상속이나 그 밖의 권리의 변동을 수반하는 모든 행위를 말한다.
② 이혼으로 인하여 입주자로 선정된 지위 또는 주택을 그 배우자에게 이전하는 경우에는 한국토지주택공사의 동의 없이도 전매할 수 있다.
③ 세대주의 근무 또는 생업상 사정으로 인하여 세대원 전원이 수도권 안에서 이전하는 경우에는 한국토지주택공사의 동의를 받아 전매할 수 있다.
④ 상속에 따라 주택을 취득하여 세대원 일부가 그 주택으로 이전하는 경우에는 한국토지주택공사의 동의를 받아 전매할 수 있다.
⑤ 분양가상한제 적용주택을 공급받은 자가 전매하는 경우에는 한국토지주택공사가 그 주택을 우선 매입할 수 있다.

95 주택법령상 주택의 공급과 관련하여 금지되는 공급질서 교란행위에 해당하지 않는 것은?
① 한국토지주택공사가 발행한 주택상환사채의 증여
② 주택을 공급받을 수 있는 조합원 지위의 매매
③ 입주자저축증서의 저당
④ 시장·군수·구청장이 발행한 무허가건물확인서를 매매할 목적으로 하는 광고
⑤ 공공사업의 시행으로 인한 이주대책에 따라 주택을 공급받을 수 있는 지위의 매매

96 주택법령상 리모델링에 관한 설명으로 **틀린** 것은?

① 입주자 전체의 동의를 받은 관리주체가 리모델링하려는 경우에는 시장·군수·구청장의 허가를 받아야 한다.

② 리모델링 기본계획을 수립하거나 변경하려면 14일 이상 주민에게 공람하고, 지방의회 의견을 들어야 한다.

③ 세대수가 증가되는 리모델링을 하는 경우에는 조합원 외의 자에 대한 분양계획은 리모델링을 하는 권리변동계획에 포함되어야 한다.

④ 광역시장이 리모델링 기본계획을 수립하려면 국토교통부장관의 승인을 받아야 한다.

⑤ 대도시 시장은 5년마다 리모델링 기본계획의 타당성을 검토하여 그 결과를 리모델링 기본계획에 반영하여야 한다.

97 농지법령상 농업에 종사하는 개인으로서 농업인에 해당하는 자는?

① 가금(家禽: 집에서 기르는 날짐승) 800수를 사육하는 자

② 800㎡의 농지에서 다년생식물을 재배하면서 1년 중 70일을 농업에 종사하는 자

③ 농지에 300㎡의 고정식 온실을 설치하여 다년생식물을 재배하는 자

④ 농업경영을 통한 농산물의 연간 판매액이 100만원인 자

⑤ 소가축 120두를 사육하는 자

98 농지법령상 농지취득자격증명을 발급받지 아니하고 농지를 취득할 수 있는 경우에 해당하지 **않는** 것은?

① 시효의 완성으로 농지를 취득하는 경우

② 공유농지의 분할로 농지를 취득하는 경우

③ 「고등교육법」에 따른 학교가 그 목적사업을 수행하기 위하여 필요한 실습지를 쓰기 위하여 농지를 취득하는 경우

④ 농업법인의 합병으로 농지를 취득하는 경우

⑤ 담보농지를 취득하여 소유하는 경우

출제예상

농지법령상 농지소유자가 소유농지를 위탁경영할 수 있는 경우가 아닌 것은?

① 3개월 이상 국외 여행 중인 경우

② 농업인이 자기의 노동력이 부족하여 농작업의 일부를 위탁하는 경우

③ 농업법인이 청산 중인 경우

④ 임신 중이거나 분만 후 1년 미만인 경우

⑤ 부상으로 3개월 이상 치료가 필요한 경우

> 정답 ④

99 농지법령상 조문의 일부이다. 다음 (   )에 들어갈 숫자를 옳게 연결한 것은?

> • 유휴농지의 대리경작자는 수확량의 100분의 (㉠)을 농림축산식품부령으로 정하는 바에 따라 그 농지의 소유권자나 임차권자에게 토지사용료로 지급하여야 한다.
>
> • 시장·군수 또는 구청장은 처분의무기간에 처분대상농지를 처분하지 아니한 농지 소유자에게 (㉡) 이내에 그 농지를 처분할 것을 명할 수 있다.
>
> • 대리경작기간은 따로 정하지 아니하면 (㉢)으로 한다.

① ㉠: 10, ㉡: 1년, ㉢: 3년   ② ㉠: 20, ㉡: 6개월, ㉢: 3년

③ ㉠: 20, ㉡: 1년, ㉢: 5년   ④ ㉠: 10, ㉡: 1년, ㉢: 5년

⑤ ㉠: 10, ㉡: 6개월, ㉢: 3년

100 농지법령상 농지의 전용 등에 관한 설명으로 옳은 것은?

① 「산지관리법」에 따른 산지전용허가를 받지 아니하고 불법으로 개간된 농지를 다시 산림으로 복구하는 경우에는 농지전용허가를 받아야 한다.

② 농지전용허가를 받은 자가 관계 공사의 중지명령을 위반한 경우에는 허가를 취소하거나 조업의 정지를 명할 수 있다.

③ 전용허가를 받은 자의 명의를 변경하는 경우에는 농지전용신고를 하여야 한다.

④ 농업진흥지역 밖의 농지를 어린이집 부지로 전용하려는 자는 시장·군수·구청장에게 농지전용신고를 하여야 한다.

⑤ 농지의 타용도 일시사용허가를 받는 자는 농지보전부담금을 납입하여야 한다.

출제예상

농지법령상 농업진흥구역에서 건축할 수 있는 건축물에 해당하지 <u>않는</u> 것은?

① 농업인 주택

② 태양에너지 발전설비로서 부지면적이 1만m² 미만인 것

③ 농수산업 관련 시험·연구시설

④ 어린이 놀이터·마을회관

⑤ 「국가유산기본법」에 따른 국가유산의 보수·복원

> 정답 ②

정답

1	②	26	⑤	51	④	76	②
2	④	27	④	52	④	77	③
3	③	28	③	53	①	78	①
4	⑤	29	③	54	③	79	④
5	②	30	②	55	①	80	⑤
6	③	31	④	56	②	81	②
7	③	32	①	57	⑤	82	④
8	④	33	②	58	④	83	②
9	①	34	⑤	59	③	84	⑤
10	⑤	35	②	60	②	85	④
11	②	36	⑤	61	①	86	④
12	⑤	37	④	62	③	87	②
13	①	38	③	63	④	88	③
14	④	39	⑤	64	⑤	89	①
15	①	40	②	65	①	90	④
16	⑤	41	④	66	④	91	①
17	②	42	⑤	67	②	92	③
18	④	43	③	68	⑤	93	④
19	②	44	⑤	69	①	94	⑤
20	③	45	③	70	⑤	95	③
21	④	46	②	71	②	96	④
22	⑤	47	④	72	④	97	⑤
23	④	48	②	73	②	98	③
24	⑤	49	①	74	⑤	99	⑤
25	②	50	③	75	①	100	④

제35회 공인중개사 시험대비 **전면개정판**

2024 박문각 공인중개사
김희상 파이널 패스 100선 2차 부동산공법

초판인쇄 | 2024. 8. 5.   **초판발행** | 2024. 8. 10.   **편저** | 김희상 편저
발행인 | 박 용   **발행처** | (주)박문각출판   **등록** | 2015년 4월 29일 제2019-000137호
주소 | 06654 서울시 서초구 효령로 283 서경 B/D 4층   **팩스** | (02)584-2927
전화 | 교재 주문 (02)6466-7202, 동영상문의 (02)6466-7201

저자와의
협의하에
인지생략

정가 20,000원
ISBN 979-11-7262-154-4